GINA RUCK-PAUQUÈT

EINE BADEWANNE VOLL GESCHICHTEN

ILLUSTRIERT VON PETRA PROBST

UEBERREUTER

Die Deutsche Bibliothek – CIP-Einheitsaufnahme

Ruck-Pauquet, Gina:
Eine Badewanne voller Geschichten / Gina Ruck-Pauquèt.
Ill. von Petra Probst. – Wien : Ueberreuter, 1993
ISBN 3-8000-2377-6

J 2017/1

Umschlag und Illustrationen von Petra Probst

Druck und Bindung: Ueberreuter Buchproduktion, Korneuburg
Printed in Austria

Inhalt

Pit läßt einen Drachen steigen

Im Frühling fahren die Kinder auf ihren Fahrrädern. »Ich will auch mitfahren«, sagt Pit. Aber Pit darf nicht fort.
»Du bist noch zu klein«, sagt die Mutter.
Im Sommer baden die Kinder im Fluß.
»Ich will auch baden«, sagt Pit.
Aber Pit darf nicht fort.
»Du bist noch zu klein«, sagt die Mutter.
Dabei ist Pit gar nicht mehr so klein. Vielleicht hat die Mutter nicht bemerkt, wie sehr er gewachsen ist?
Im Herbst treffen die Kinder einander auf den Wiesen und lassen Drachen steigen.
»Ich will auch einen Drachen steigen lassen«, sagt Pit.
Aber Pit darf nicht fort.
Die Mutter sagt: »Du bist noch zu klein. Nächstes Jahr«, sagt sie, »vielleicht.«

Da läuft Pit einfach weg. Er baut sich einen Drachen aus zerknittertem Papier. Eine Schnur hat er in der Hosentasche.
»Ich habe auch einen Drachen«, sagt er zu den Kindern.
Die Kinder lachen.
»Durftest du überhaupt fort?« fragen sie.
Pit antwortet nicht.
Sie rennen miteinander los. Und dann gibt es eine Überraschung: Pits Drachen steigt höher als alle anderen!
»Schaut nur!« schreit Pit. »Schaut nur! Mein Drachen ist der Drachenkönig!«
Jetzt lacht ihn keiner mehr aus.
Den ganzen Nachmittag laufen die Kinder über die Wiesen.
Als es dämmerig wird, sind sie müde.
»Wir gehen nach Hause«, sagen sie und wickeln die Drachenschnur auf.
Pit steht da und tut nichts. Er denkt nach.
»Gehst du nicht heim?« fragen die Kinder. »Deine Mutter wird sowieso schimpfen«, sagen sie.
Pit nickt. Aber er rollt die Drachenschnur nicht auf. Er läßt sie los.
Da steigt der Drachen langsam in die Höhe und fliegt davon.
»Bist du verrückt?« sagen die Kinder. »Warum hast du den Drachen fliegen lassen?«
»Er wollte nicht festgehalten werden«, sagt Pit. »Er wollte fort.«
Die Kinder verstehen das nicht.
Pit lächelt.

Der Polizist und das Kind

Am frühen Abend ist der Verkehr am stärksten. Dann wollen alle Leute nach Hause. Der Polizist steht an der großen Kreuzung. Er läßt die Autos rechts und links an sich vorüberfahren, paßt auf die Fußgänger auf und sieht zu, daß auch der alte Mekkel mit seinem Pferd und dem Bierwagen durchkommt. Einmal, an einem Tag, an dem ganz besonders viel Trubel herrschte, sah der Polizist plötzlich mitten im Gewühl ein Kind. Das Kind trug rote Hosen, hatte strubbeliges Haar und weinte.

Da hielt der Polizist alle Autos, Motorräder und Fahrräder an und nahm das Kind zu sich auf die Verkehrsinsel.

»Bist du ganz allein?« fragte er.

»Ja«, sagte das Kind, und die Tränen stürzten ihm aus den Augen.

»Bleib erst einmal bei mir«, sagte der Polizist, »nachher sehen wir weiter. Wie heißt du denn?« fragte er dann, während er mit der linken Hand die Autos vorbeiwinkte.

»Ich . . .« schluchzte das Kind. »Ich . . .«

»Na ja«, sagte der Polizist, »ist ja nicht so schlimm. Ich werde dich Peter nennen. Du kannst jetzt aufhören zu weinen. Ich bin ja bei dir. Halt dich einfach an meiner Jacke fest.«

Und das tat der Peter in den roten Hosen dann auch.

Langsam ließ der Verkehr ein bißchen nach.

»Na«, fragte der Polizist, »wie gefällt es dir denn bei mir?«

»Gut«, sagte das Kind und zog die Nase hoch.
»Ich habe einen schönen Beruf«, sagte der Polizist. »Was willst du denn später werden?«
»Krankenschwester«, sagte das Kind.
»Aber Peter!« sagte der Polizist. »Ein Junge kann doch nicht Krankenschwester werden. Wie wär' es denn mit Lokomotivführer, Professor oder Elektriker?«
»Aber ich . . .« sagte das Kind.
»Oder Radrennfahrer«, schlug der Polizist vor.
Das Kind sah ihn schweigend an.
In demselben Augenblick kam eine Frau gelaufen. Sie war sehr aufgeregt. »Inga!« rief sie. »Da bist du ja, mein kleines Mädchen!«
Und sie nahm das Kind auf den Arm und bedankte sich bei dem Polizisten.
Der Polizist stand ganz verdattert da.
»Auf Wiedersehen«, stotterte er, »auf Wiedersehen, Peter – äh, Inga.«
»Auf Wiedersehen!« rief das Kind. »Wenn ich groß bin, werde ich Polizist! Ganz bestimmt!«
Der Polizist dachte nach.
Warum auch nicht, dachte er. Warum denn eigentlich nicht?

Sascha schickt die Leute in den April

Da war einmal ein kleiner Junge, der hieß Sascha. Das heißt – so klein war er eigentlich gar nicht mehr. Er war früher viel kleiner gewesen, das wußte er noch ganz genau. Und er konnte jetzt auch schon eine Menge Dinge. Aber alles gelang ihm eben doch noch nicht.

Als er aufstand, schien die Sonne, und dazu regnete es ein bißchen. Und der Kalender an der Wand zeigte eine große Eins. Da fiel Sascha ein, daß der erste April war. Am ersten April muß man die Leute an der Nase herumführen, dachte er. Und er marschierte entschlossen in die Küche.

»Guten Morgen«, sagte seine Mutter, die am Salat herumzupfte.

»Guten Morgen«, sagte Sascha, und er überlegte, wie er es anfangen könnte. Die ganze Zeit, während er frühstückte, überlegte er.

»Es hat geklingelt!« schrie er endlich.
Aber die Mutter hob nicht einmal den Kopf.
»Dann mach auf«, sagte sie.
So mußte Sascha die Tür öffnen. Und weil es ja gar nicht geklingelt hatte, lief er hinaus. Mütter fallen auf so was nicht rein, dachte er.
An der Ecke traf er seinen Freund Heini.
»Du hast ein Loch in der Hose«, sagte Sascha.
»Hab ich immer«, entgegnete Heini gleichgültig und ging an ihm vorbei. Und es stimmte tatsächlich, als Sascha ihm nachblickte, konnte er das Loch deutlich sehen. Es war ärgerlich.
Aber saß da nicht Mohr, der Nachbarhund?
»Mohr!« brüllte Sascha. »Ein Kätzchen! Da! Ein Kätzchen!«
Aber Mohr riß sein großes Hundemaul auf und gähnte.
»Doof!« sagte Sascha.
Aber er sagte es leise, denn er wollte es sich mit Mohr trotz allem nicht verderben.
Ich muß es anders machen, dachte Sascha, toller. Er bohrte beide Hände in die Hosentaschen und stapfte auf die andere Straßenseite. Der alte Tim war draußen vor seinem Haus. Er hackte Holz.
»Na?« sagte er.
»Na?« sagte Sascha. Sie begrüßten sich immer so.
»Tim!« schrie er dann plötzlich. »Da fährt 'ne Kuh auf 'nem Fahrrad vorbei!«
Der alte Tim blickte nicht einmal auf.
»Ja, ja«, sagte er, »das gibt es.«
Sascha wunderte sich sehr. Aber noch gab er nicht auf. Er trat ein wenig gegen die Holzstücke, die

herumlagen, und dabei dachte er angestrengt nach.
»Geht es deiner Mutter gut?« fragte der alte Tim.
»Ja«, sagte Sascha.
»Tim!« brüllte er dann aus Leibeskräften. »Da fliegt ein Auto!«
Aber der alte Tim reagierte auch diesmal nicht.
»Hm«, machte er bloß.
»Sachen gibt's«, meinte er nach einer Weile, »die sollte man nicht glauben. Aber es gibt sie doch.«
»Ja«, sagte Sascha.
»Ich hatte mal ein Pferdchen, das Eier legte«, erzählte der alte Tim.
»Nein«, sagte Sascha.
»Doch!« knurrte der alte Tim. »Es war ein türkastorisches Pferd. Und jedes seiner Eier war so blau wie sein Fell.«
Sascha machte große Augen.
»Eines Tages hat es begonnen, die Eier auszubrüten.«
»Waren ganz kleine Pferdchen darin?« wollte Sascha wissen. »Blaue?«
»Nein«, sagte der alte Tim. »Es dauerte Wochen, Monate, Jahre«, fuhr er fort, »bis die Eierschalen endlich zersprangen.«
»Was war darin?« fragte Sascha atemlos.
»Luftballons«, grinste der alte Tim. »Die flogen dann fort. Es war auch an einem ersten April.«
Einen Augenblick lang stand Sascha ganz still. Dann drehte er sich um und ging. Er hörte, daß der alte Tim wieder Holz hackte.
Vielleicht bin ich doch noch zu klein, dachte Sascha. Aber nächstes Jahr werde ich es ihnen zeigen!

Geschwister

Bert hatte sich auf das Baby gefreut.
»Wann kommt es endlich?« hatte er immer wieder gefragt.
Und die Mutter hatte gelächelt: »Bald.«
Nun war es soweit. Es war ein Mädchen. In fünf Minuten würde der Vater Bert abholen. Sie würden ins Krankenhaus fahren und die Mutter besuchen. Die Mutter und Berts kleine Schwester Angela.
Den Namen habe ich ausgesucht, dachte Bert stolz, während er sich die Fingernägel bürstete, der gefällt ihr bestimmt.
Er zog den Anzug mit der langen Hose an, dann putzte er sich mit einem Zipfel der Bettdecke schnell noch die Schuhe. Es war natürlich schade, daß es ein Mädchen war. Wahrscheinlich würde sie nicht mit ihm Fußball spielen.
»Gibt es Mädchen, die auf Bäume klettern?« fragte er seinen Vater, als sie miteinander durch die Stadt fuhren.
»Warum nicht«, meinte der. »Bert«, sagte er dann, »Angela ist noch sehr klein. Es wird eine Weile dauern, bis du mit ihr spielen kannst.«
»Ja«, sagte Bert.
Morgen würde er in der Schule erzählen, daß er eine Schwester hatte.
Die Mutter lag in einem weißen Zimmer im Bett und sah fröhlich aus.
Angela war nicht da.
»Sie kommt gleich«, sagte die Mutter.
Und dann öffnete sich die Tür, und eine Frau

brachte seine Schwester. Sie war sehr viel kleiner, als Bert gedacht hatte.
»Na?« lächelte die Mutter, als sie Angela in den Armen hielt.
Bert wußte nicht, was er sagen sollte. Er starrte das winzige Geschöpf an, und seine Enttäuschung wuchs mit jeder Sekunde. Seine Schwester Angela war häßlich. Bert schämte sich, daß er das dachte.
»Glaubst du, daß sie wächst?« fragte er.
Die Eltern lachten. Sein Vater saß auf dem Bettrand und hielt die Hand seiner Mutter. Angela lag zwischen ihnen. Vater, Mutter und Kind, dachte Bert. Und er hatte plötzlich das Gefühl, daß er nicht dazugehörte.
In der folgenden Zeit kam dieses Gefühl immer öfter. Alles wurde anders durch Angela.
Das fing schon morgens an. Früher hatte Mutter mit ihm gefrühstückt, bevor er zur Schule ging. Sie hatte ihm sogar die Brote geschmiert. Jetzt saß er allein am Tisch, und sie versorgte das neue Kind. Und wenn er heimkam und seine Schultasche ein bißchen laut in die Ecke stellte, hieß es gleich: »Psst! Nimm doch Rücksicht! Angela schläft.«
Beim Essen wurde darüber gesprochen, wieviel seine Schwester zugenommen hatte, im Bad mußte Bert sich zwischen nassen Windeln hindurchkämpfen, und mit der Indianertrommel durfte er auch nicht spielen.
Das schlimmste aber war, daß man ihn manchmal überhaupt nicht zu bemerken schien. Kürzlich hatte er es fertiggebracht, nicht einen einzigen Löffel Spinat zu essen, und es war nicht aufgefallen. Das war,

als Angela Schnupfen hatte. Er hatte auch Schnupfen, aber als er nieste, sagte seine Mutter bloß: »Halt die Hand vor den Mund!«
Und dann passierte die Sache mit dem Goldhamster. Bert brachte ihn in einem kleinen Karton mit nach Hause. Seine Mutter badete eben Angela. »Peter hat mir einen Goldhamster geschenkt!« rief Bert. »Sieh mal!«
»Wir können jetzt keinen Goldhamster brauchen«, sagte seine Mutter. »Du mußt vernünftig sein. Ich habe genug Arbeit.«
»Aber ein Goldhamster macht doch keine Arbeit!«
»Jedes Tier macht Arbeit«, behauptete seine Mutter.
»Willst du ihn dir nicht wenigstens ansehen?« fragte er.
»Doch«, versprach sie, »später. Warte ein bißchen.«
Er hatte mit dem kleinen Karton im Kinderzimmer gesessen, bis ihm klar wurde, daß seine Mutter ihn vergessen hatte. Dann war er leise hinausgegangen und hatte Peter den Goldhamster zurückgebracht. Als er durch den dämmerigen Park heimging, hatte er sich vorgestellt, wie es wäre, von zu Hause fortzulaufen. Sie würden ihn natürlich suchen. Aber sie würden ihn nicht finden. Er wäre längst im Hafen in einem der großen Schiffe verschwunden. Als blinder Passagier.
An diesem Abend setzte sich seine Mutter zu ihm ans Bett.
»Du bist mein großer Junge«, sagte sie. Und: »Später kannst du auch einen Goldhamster haben. Wenn Angela etwas älter ist. Du stehst schon fest in

der Welt. Aber Angela braucht mich noch sehr. Alles, was du kannst, muß sie ja erst lernen.«
Bert wollte in diesem Augenblick kein großer Junge sein. Und wie fest er in der Welt stand, würden sie ja sehen, wenn ihm erst einmal etwas zustieß. Wenn das Schiff unterging und er auf eine einsame Insel verschlagen würde, oder so. Sein Entschluß stand fest. Er würde gehen.
Er zog sich die Decke über den Kopf. Er weinte nämlich sonst nie.
Am andern Abend wollten die Eltern ins Kino.
»Wirst du auf Angela aufpassen!«
Bert versprach es.
Die Gelegenheit war günstig. Als die Tür ins Schloß gefallen war, begann er, seine Sachen in die Plastiktasche zu verpacken. Den Rollkragenpullover, das Sparschwein, sein Taschenmesser und die Turnschuhe. Er zögert einen Augenblick, dann stopfte er den kleinen Teddybären noch mit hinein.

»So«, sagte Bert. Er blickte zum Kinderbett hinüber. Er hatte versprochen, auf sie aufzupassen.
Bert packte die Buntstifte noch ein, ein paar Socken und den Ball mit dem Loch.
Da begann Angela zu weinen. Er trat zu ihr hin und schaute sie aufmerksam an. Sie war groß geworden, und häßlich war sie schon lange nicht mehr. Bert war nie zuvor mit ihr allein gewesen. Daß sie nun weinte, ging ihn an. Die Mutter hatte Angela gewikkelt und gefüttert, bevor sie ging. Aber sie weinte. Sie weinte nicht besonders laut, aber es schien Bert, als habe er nie etwas Kläglicheres gehört.
»Warum weinst du?« fragte er.
Natürlich konnte sie nicht antworten. Bert dachte nach. Dann spürte er, daß er die Hände zu Fäusten ballte. Er wollte nicht, daß seine kleine Schwester weinen mußte. Er würde herauskriegen, was los war.
Plötzlich fielen ihm seine eigenen Tränen in der Nacht ein. Er hätte nicht genau sagen können, warum er geweint hatte. Aber er erinnerte sich deutlich, wie ihm zumute gewesen war.
Vorsichtig nahm er Angela aus ihrem Bettchen und hielt sie in den Armen.
»Sei still«, sagte er, während er mit ihr im Zimmer auf und ab ging. »Sei still. Wird ja alles gut.«
Sie schluchzte noch ein paarmal, dann wurde sie ruhig.
»Du bist noch ziemlich klein«, sagte Bert zu ihr. »Aber ich bin dein Bruder und passe auf dich auf.«
Und im Vorübergehen beförderte er die Plastiktasche mit einem Fußtritt unters Sofa.

Telefon

Es regnet. Janni ist allein zu Hause. Sie steht am Fenster und schaut zu, wie die Tropfen an der Scheibe hinunterlaufen. Janni hat das schon oft erlebt, aber diesmal ist es anders.

Sie summt ein paar Töne und folgt mit dem Finger den Regenlinien auf dem Glas, wieder und wieder. Gegenüber stehen die hohen, dunklen Häuser. Janni weiß nicht, wer da lebt. Sie ist noch nicht lange hier in der Stadt.

Auf einem der kleinen Balkone, die wie Käfige sind, hängt ein Handtuch. Es wird naß, denkt Janni, und sie wartet darauf, daß jemand das Handtuch hereinnimmt. Wer da wohnen mag? Und nebenan? Und darüber?

Die Häuser sehen aus wie einer, der nichts sagen will, denkt Janni. Sie hebt mit dem Fingernagel ein wenig Farbe vom Fensterrahmen. Es ist sehr still. Nur unten im Hof klopfen die Regentropfen auf die Deckel der Mülltonnen. Aber das Geräusch ist so gleichmäßig, daß es alles nur noch stiller werden läßt.

Janni wendet sich vom Fenster ab. Sie geht den buntgemusterten Teppich entlang und wieder zurück. Das Zimmer scheint ganz leer zu sein. In Wirklichkeit stehen die Möbel wie immer. Sogar das Buch, in dem sie las, liegt noch auf dem Tisch. Janni nimmt es in die Hand.

»Seite siebenundvierzig«, sagt sie laut.

Sekundenlang nehmen ihre Worte ein wenig Raum ein im leeren Zimmer. Dann sind sie fort. Wie Vögel, denkt Janni. Sie geht zum Fenster und starrt in den Himmel. Aber es sind keine Vögel da.

Für einen Augenblick hat Janni das Gefühl, daß sie sich verirrt hat. Hierher, an einen Ort, an dem sie nie war. Ich bin allein zu Hause, denkt sie. Ich bin allein in der Welt. Sie geht zum großen Spiegel.

»Hallo«, sagt sie.

Ihre Stimme ist ganz weit hinten, und sie muß sich zweimal räuspern, bevor sie deutlich wird.

»Hallo.«

Sie drückt beide Hände gegen den Spiegel, und die kalte, glatte Fläche erinnert sie flüchtig an die Eisbahn vom letzten Winter. Da waren sie viele gewesen. Aber Janni bringt das Bild nicht mehr recht zusammen. Es verliert seine Farben, wenn sie nach ihm greift.

Sie geht einmal rund um den Tisch, fährt mit dem Zeigefinger an der Tischkante entlang. Dann setzt sie sich in den tiefen Sessel. Die Erde ist so rund wie ein Ball, fällt ihr plötzlich ein. Vielleicht sind alle Leute hinuntergefallen, und bloß ich bin noch da, schießt es ihr durch den Kopf.

Sie fröstelt. Sie könnte sich einen Pullover holen – den himbeerroten. Aber sie zieht nur die Beine hoch und macht sich im Sessel ganz klein. Wenn sie die Augen schließt, ist es ein wenig, als ob sie fliegt.

Da klingelt es. Es klingelt schrill und sehr laut, und das Geräusch fällt wie ein Körper in die Stille. Janni erstarrt. Sie war weit fort.

Telefon – begreift sie.

Beim zweiten Klingeln nimmt sie den Hörer hoch. Es ist eine Frauenstimme.

»Farben Probst?« fragt sie. »Ist da Farben Probst? Ich möchte Herrn Tienert sprechen.«
»Nein«, antwortet Janni zögernd. »Nein, ich bin es – Janni.«
Die Frau lacht. Janni stellt sich vor, daß sie auf einer Sessellehne sitzt.
»Janni«, sagt die Frau. »Du bist wohl allein zu Haus?«
»Ja.« Janni schluckt. »Regnet es bei Ihnen auch?«
»Und ob!« lacht die Frau. »Was machst du denn so?«
»Ich bin allein zu Haus.«

Janni findet, daß es eine furchtbar dumme Antwort ist. Und außerdem ist es ihr, als ob es nicht mehr so recht stimmt.
»Na ja«, sagt die Frau. »Ich auch.«
Plötzlich muß Janni lachen.
»Also denn«, sagt die Frau.
»Vielen Dank für den Anruf«, schließt Janni.
Das sagt ihre Mutter auch immer. Es ist richtig, das zu sagen. Die Frau lacht noch ein bißchen, dann knackt es in der Leitung.
Janni legt den Hörer auf. Sie fühlt sich prima. Als sie am Spiegel vorbeikommt, streckt sie die Zunge

heraus. Sie schmiert ein Marmeladebrot und geht damit ans Fenster. Tip, tip, tip, denkt sie, der Regen ist ein graues Tier mit tausend Füßen.

»Ein Tier mit tausend Füßen«, singt sie mit vollem Mund.

Und die Welt ist überhaupt nicht mehr leer. Vielleicht wohnt sie da drüben, denkt Janni, die Frau, die angerufen hat. Oder sonstwo. Da drüben wohnen jedenfalls viele Leute. Bald wird es dämmerig sein. Bei dem Wetter ist es früh dunkel. Dann zünden sie die Lichter an. Einer nach dem anderen. Bis alle Fenster hell sind.

Und Janni beginnt damit. Sie dreht am Lichtschalter. Vielleicht ist gegenüber jemand, der sich freut.

Und Janni beginnt damit. Sie dreht am Lichtschalter. Vielleicht ist gegenüber jemand, der sich freut.

Lila mit grünen Streifen

Andrea war sowieso traurig. Natürlich konnte sie darüber mit niemandem sprechen. Wem hätte sie auch sagen können, daß sie wegen Robert traurig war? Daß sie immerzu an ihn dachte. Und daß sie nicht verstehen konnte, was eigentlich geschehen war.

Und jetzt wurde ihr dieser kleine Wunsch auch noch abgeschlagen!

»Aber fünfzehn Mark ist doch nicht teuer«, bettelte Andrea.

»Quälgeist!« Die Mutter lachte. »Ich würde dir ja den Pullover gerne kaufen. Aber du weißt genau, daß ich große Ausgaben hatte.«

Andrea kämpfte mit den Tränen. Es war lächerlich, wegen eines lila Pullis mit grünen Streifen zu weinen. Vielleicht weinte sie auch gar nicht deswegen. Die Pullis waren Mode in der Klasse. Es gab sie in vielen Farben. Die schwarzhaarige Ina trug einen in Gelb. Ina – da waren ihre Gedanken schon wieder im Kreis gewandert. Sie hatten sich so gut verstanden, Robert und sie. Bei allen Spielen hatten sie zusammengehört. Besonders in Federball waren sie beide ganz große Klasse gewesen. Das hatten die anderen auch gesagt. Aber seitdem Ina zu ihrem Kreis gehörte, hatte sich Robert verändert. Er beachtete Andrea kaum. Zuerst hatte er Ina die amerikanischen Briefmarken geschenkt, und jetzt half er ihr immer bei den Schularbeiten.

»Wann deckst du denn endlich den Tisch!«

»Ja«, sagte Andrea, »sofort.«

Als sie später in ihrem Zimmer saß, wog sie die Spardose in ihrer Hand. Dreißig Mark waren bestimmt darin.
»Fang mal an zu sparen«, hatte der Vater gesagt. »Wenn du fünfzig Mark zusammen hast, lege ich den Rest für ein Fahrrad dazu.«
Die meisten hatten Fahrräder. Robert auch. Im Herbst wollten sie alle eine große Tagesfahrt machen.
Jetzt hab ich ohnehin keine Lust mehr, dachte Andrea.
Sie ging zum Schrank und holte den Schlüssel zur Spardose hervor.
»Mensch! Soviel Geld!« Der kleine Bruder Jörg war hereingekommen.

»Sei still!« sagte Andrea. »Zweiunddreißig Mark fünfzig, vierunddreißig Mark und dreißig Pfennige.« Sie drückte Jörg die dreißig Pfennige in die Hand. Er würde Gummibärchen dafür kaufen. Andrea steckte fünfzehn Mark in ihre Tasche. Den Rest warf sie wieder in die Spardose zurück.
Sie ging ins Nebenzimmer. Eine Weile hielt sie sich stumm in der Nähe ihrer Mutter auf.
»Wenn einer gespart hat«, sagte sie endlich, »dann gehört ihm das Geld doch ganz allein – oder?«
Die Mutter schaute von ihrem Buch auf.
»Natürlich«, sagte sie, »warum fragst du?«
»Nur so«, sagte Andrea.
Sie hatte das Empfinden, unaufrichtig zu sein. Aber schließlich hatte sie gefragt. Sie drückte sich noch ein wenig herum, prüfte nach, ob der Gummibaum Wasser hatte, und hob die Deckel der Kochtöpfe hoch. Dann verschwand sie.
Als sie im Modegeschäft an der Ecke stand, fühlte sie sich prima. Nur ging dann alles viel zu schnell. Schon war sie wieder draußen, das Päckchen mit dem Pullover unter dem Arm.
Vor dem Zubettgehen zog sie ihn an. Die Farbe stand ihr gut. Sie sah wundervoll aus. Sie probierte verschiedene Posen, die sie von Filmstars in den Illustrierten kannte, dann legte sie sich zufrieden ins Bett.
Am anderen Morgen erschien Andrea sehr spät in der Küche. Sie hatte den Mantel schon übergezogen. Es eilte.
»Das wollen wir aber nicht einreißen lassen«, sagte die Mutter. »Frühstücken soll man in Ruhe.«
»Ja«, antwortete Andrea mit vollem Mund.

Natürlich würde sie der Mutter den Pullover zeigen. Später.

»Und dann kam ein Auto um die Ecke und hat ihn überfahren«, sagte Erika eben.

Sie standen in einer Gruppe auf dem Schulhof, als Andrea hinzukam.

»Tot?« schrien ein paar.

»Nein, er hat Glück gehabt. Irgendwas gebrochen oder so. Ein Mann und ich haben ihn zum Tierarzt gebracht.«

Es klingelte, und sie liefen hinein. Andrea zog ihren Mantel aus und blickte sich um. Niemand schien etwas zu bemerken.

»Ich hab jetzt auch so einen Pulli«, sagte sie endlich.
»Au ja!« Monika lächelte. »Hübsch.«
Auch Ina guckte herüber.
Dann kam der Lehrer, und der Unterricht begann.
Anfangs war Andrea enttäuscht.
Wieso eigentlich? dachte sie dann. Schließlich kann die Welt nicht stehenbleiben, bloß weil ich einen neuen Pullover habe. Und mit einemmal schämte sie sich. Sie schämte sich und war traurig.
Gleich nach dem Unterricht ging sie nach Hause.
Vor dem Selbstbedienungsladen begegnete ihr Robert.
»Andrea!« rief er. »Kommst du eigentlich gar nicht mehr?«
»Doch«, sagte sie, und ein Stück weiter fing sie an zu heulen. Zu Hause zog sie sich um. Die Eltern saßen schon am Mittagstisch.
»Wie steht's denn mit deinen Ersparnissen?« fragte der Vater plötzlich.
Andrea kaute an einer Kartoffel herum.
»Reicht noch nicht«, sagte sie.
»Wieviel hast du denn? Dreißig Mark müßten es doch sein?«
»Ich habe mir einen Pullover gekauft«, sagte Andrea.
Ihre Stimme schien ihr unnötig laut zu klingen.
»Ich dachte, du wolltest ein Fahrrad?«
»Wenn man gespart hat, darf man mit dem Geld tun, was man will«, sagte Andrea. »Nicht wahr?« fügte sie etwas unsicher hinzu.
Der Vater lächelte.
»Natürlich«, sagte er. »Aber ja.«

Klatschmohn und Kamille

Athen ist schön. Die Häuser sind weiß, und über ihnen ist ein großer, blauer Himmel. Laut ist Athen und ganz still. Laut an den Abenden, wenn alles Leben erwacht, und still am Mittag unter dem Druck der Hitze. Nur die Autos sind dann noch schnell. Und am schnellsten sind die unzähligen Taxis. Vollbesetzt jagen sie dahin, so beladen, daß die Deckel der Kofferräume offenstehen.

Das ist jetzt die Zeit, wo Klatschmohn und Kamille an den Wegrändern blühen. In dem kleinen, verwilderten Garten an der Straße blühen sie auch. Da hat sich Dinos im Schatten des Mandarinenbaumes ausgestreckt. Es ist Mittag. Die Häuser stehen verschlossen mit herabgelassenen Läden.

»Warum bleibst du nicht drinnen?« hatte die Mutter gefragt.

Sie hatte die Teppiche aufgerollt und eingemottet. In der Wohnung war es jetzt kühl.

Dinos hatte die Achseln gezuckt. Warum? Es war überall gleich. Das würde sie nicht verstehen, wenn er es ihr sagte. Auch nicht, daß er jetzt manchmal gern allein ist.

Dinos greift in den Sand und läßt ihn durch die Finger rinnen, wieder und wieder.

Gestern war die Großmutter da. Die Großmutter ist neunzig. Viele Unterröcke trägt sie unter dem schwarzen Kleid. Vielleicht zwanzig, wer weiß. Kaffee in winzigen Tassen gab es und gezuckerte wilde Orangen. Aber den süßen duftenden Likör hatte die Mutter nicht aus dem Schrank geholt.

Dinos liegt auf dem Rücken und starrt auf seine Füße.
Früher war er gern mit der Großmutter spazierengegangen. An jeder Kirche blieb sie stehen und bekreuzigte sich. Gestern mochte er nicht mitgehen.
Dinos bewegt seine Zehen. Dann schließt er die Augen.
Die Hitze sitzt wie ein Ball in seinem Kopf. Wie ein dicker, weicher Gummiball. Einmal hatte Dinos so einen Ball besessen. Einen roten. Außer dem Geräusch der Autos ist nichts zu hören. Um die Zeit schlafen die Leute.
Von hier aus fahren die Autos in die Altstadt. Da sind die Gassen so eng, daß der Fahrer manchmal anhalten und aussteigen muß, um ein Hindernis aus dem Weg zu räumen. Eine Karre vielleicht, oder sonst was.
Dinos liegt lange ganz still. Er öffnet ein Auge, dann das andere und wiederholt das in schnellstem Wechsel. Das Bild springt von links nach rechts. Mandarinenbaum, Häuser und Himmel.
Ich warte, denkt Dinos.
Aber er weiß nicht, worauf er wartet. Es gibt auch nichts mehr, woran er denken könnte. Es gibt überhaupt nichts außer dem dünnen, säuerlichen Geruch seiner verschwitzten Haut.
Dinos gräbt die Fersen tiefer in den Sand. Er selbst und Klatschmohn und Kamille.
Da ist auf einmal eine Katze da. Grau und weiß. Hier sind manchmal Katzen. Niemand beachtet sie. Dinos schon gar nicht. Aber jetzt ist es so, daß die Katze sich bewegt in diesem Mittag. Die Katze be-

wegt sich und sonst nichts. Dann sieht sie Dinos und bleibt stehen.
Geh weiter, denkt Dinos.
Ganz wenig spannen sich seine Muskeln. Er will, daß die Katze weitergeht. Aber die steht immer noch und starrt. Dinos richtet sich vorsichtig auf. Seine Hand findet einen Stein.
Er weiß später nicht, ob er getroffen hat. Hat die Katze geschrien, bevor sie auf die Straße sprang? Oder schrie sie nur, als das Taxi sie überfuhr? Das Taxi, das noch zu bremsen versuchte. Nein, Dinos weiß das nicht.
Er steht neben der toten Katze, und es ist, als wache er auf. Grau und weiß, denkt er. Er hat nie eine Katze genauer betrachtet. Er zieht sie vorsichtig an den Straßenrand und schaut sie an. Sie ist nicht sichtbar verletzt und ist doch tot. Dinos sieht ihre Pfoten. Vorhin noch haben sie sich bewegt, und ihre Augen haben ihn angesehen.

So ist das, denkt Dinos. So ist das.
Die Katze liegt vor ihm und ist eine Katze und ist doch keine Katze mehr. Sie ist nur noch das Äußere einer Katze.
Leer, denkt Dinos.
Er hat einen Stein geworfen, und nun ist die Katze nur noch ein leeres Fell. So schnell geht das. So einfach. Das, was die Katze gewesen ist, ist fort, und er, Dinos, kann es nicht wieder herbeischaffen.
Er legt leicht die Hand auf ihr Fell. Es fühlt sich noch warm an. Plötzlich sind die Katze und er sehr beieinander. Und für einen Augenblick denkt er, daß sie nun aufstehen wird.
Aber sie steht nicht auf, und Dinos' Magen wird ein riesiges Loch, das wächst, bis auch er ganz leer ist. Leer wie die Katze.
Er hat das getan, und er kann es nicht wieder in Ordnung bringen. Nie wieder.

Neu in der Klasse

»Achtung!« Tobias stößt Rainer an. »Der Roller kommt!«
Bernd geht ruhig an ihnen vorbei. Nur ein sehr aufmerksamer Beobachter würde erkennen, daß seine Haltung verkrampft ist. Bernd weiß, daß sie ihn den Roller nennen. Sie machen sich über ihn lustig – weil er das R rollt, weil er vom Land kommt, weil er neu in der Klasse ist. Das geht schon eine Woche so. Seit der ersten Deutschstunden, in der Bernd vorlesen mußte.
»Lach doch einfach mit«, hatte seine Mutter gesagt. Aber so leicht ist das nicht. Wenn sie mich nicht wollen, sollen sie es lassen, denkt Bernd zum hundertstenmal. Doch das hilft nur für eine Sekunde. Dann bohrt es wieder in ihm, und irgendwas sitzt in seiner Kehle. Es ist manchmal direkt, als müsse er heulen.
»Vorsicht!« Michael schießt einen Ball haarscharf an ihm vorbei.
Ich könnte euch zeigen, was Fußball ist, denkt Bernd. Aber er schweigt. Ruhig geht er zwischen den anderen ins Klassenzimmer. Immer ist ein wenig Abstand zwischen ihnen und ihm, leerer Raum. Als ob ich die Masern hätte, fällt es Bernd ein.

Am Montag nach der Schule ruft ihn der Lehrer zu sich.
»Na«, fragt er, »wie fühlst du dich denn bei uns?«
Bernd schluckt.
»Danke«, sagt er dann.
Er hört selbst, wie hölzern das klingt.
»Einen Freund hast du noch nicht gefunden?«
Bernd schüttelt den Kopf. Warum kann er bloß nicht reden?
»Bist du eigentlich immer so still?« will der Lehrer wissen.
»Ich ...« beginnt Bernd.
»Na ja«, der Lehrer klopft ihm leicht auf die Schulter, »du fühlst dich jetzt noch ein wenig fremd. Aber das wird schon werden.«
Auf dem Heimweg patscht Bernd durch die Regenwasserpfützen. So etwas Dummes tut er sonst nie. Aber es ist eine Wut in ihm, die heraus will. Und er weiß nicht, wie er sie loswerden soll.
»Wollen wir den Neuen auch mitnehmen?« fragt Thomas.
Am Nachmittag ist großes Indianertreffen auf dem Hügel hinter der Stadt.
»Den Roller?« Tobias schüttelt den Kopf. »Der ist doch doof!«
»Ja, aber ...« Der Neue tut Thomas leid. Wie der immer rumschleicht! Und keiner kümmert sich um ihn. Allerdings könnte er ja auch von sich aus mal was sagen.
»Also um halb drei!«
»Okay!« ruft Thomas, und dann hat er den Roller vergessen.

Am anderen Morgen hat Bernd eine blaue Vogelfeder vor sich auf dem Pult.
»Was hast du denn da?« fragt ihn Thomas im Vorübergehen.
»Eine Eichelhäherfeder«, sagt Bernd. »Willst du sie?«
»Nee«, entgegnet Thomas.
Er ist mit seinen Gedanken längst woanders. Michael winkt ihm nämlich eben mit dem neuesten Abenteuerheft. Die leihen sie sich immer gegenseitig aus.
Einmal versucht Bernd, einen Blick in eines der Hefte zu werfen. Aber als Tobias ihm dann über die Schulter sieht und dabei ein bißchen drängelt, weicht er zur Seite und geht.
»Warum bringst du eigentlich nie einen deiner neuen Schulkameraden mit?« fragt die Mutter zu

Hause. »Ihr spielt wohl lieber draußen«, meint sie dann.
Bernd spricht schon lange nicht mehr mit ihr über seine Schwierigkeiten in der Schule. Er mag nicht mehr darüber sprechen. Seine Mutter hat genug Sorgen. Wenn sie wüßte, wie ihm zumute ist, würde sie traurig sein. Da läuft er lieber an den Nachmittagen allein durch die Straßen.
Auch in der nächsten Zeit bleibt Bernd der Außenseiter in der Klasse. Die anderen haben es aufgegeben, über ihn zu lachen. Sie beachten ihn kaum. Er ist eben langweilig.
Aber dann spricht er sie eines Tages in der Pause an.
»Ich hab Bonbons«, sagt er. »Wollt ihr welche?«
Und er hält ihnen eine riesige Tüte entgegen. Sie finden es alle ein bißchen komisch, aber sie greifen zu.
»Toll!« sagt Tobias. »Außen rum Schokolade.«
Sie bedanken sich und spielen weiter.
Und nur Thomas bemerkt für einen Augenblick, daß Bernd ihnen von einer Ecke des Schulhofes her zuschaut.
In der folgenden Unterrichtsstunde stellt der Lehrer fest, daß in der Ausflugskasse fünf Mark fehlen.

»Wir wollen jetzt nicht weiter darüber sprechen«, sagt er. »Für den Fall, daß einer von euch in Not war und das Geld ausgeliehen hat, möchte ich, daß es morgen wieder da ist. Der Junge kann sich auch bei mir melden.«

»Mensch, so was tut doch keiner von uns!« sagt Tobias nach der Schule, als sie heimgehen wollen.

Sie stehen in einer Gruppe zusammen.

»Was macht der denn da?«

Sie alle sehen, wie der Roller auf der anderen Straßenseite geht. Dann, plötzlich, zieht er etwas aus der Hosentasche und wirft es zwischen die Sträucher.

»Es ist die Tüte mit dem Rest der Bonbons«, sagt Michael.

»He!« ruft Rainer.

Nein, Bernd läuft nicht fort. Mit hängenden Armen steht er da. Und dann heult er.

»Du hast das Geld geklaut«, sagt Tobias.

Er sagt es ganz ruhig. Die anderen schweigen. Thomas starrt auf die Bonbontüte in Michaels Hand. Auf eine verschwommene Art fühlt er sich schuldig.

»Du mußt es zurückgeben«, sagt einer.

Bernd nickt.

»Wo soll er denn bis morgen fünf Mark hernehmen?«

»Was geht das uns an?« meint Tobias.

»Ich tu was dazu«, sagt Thomas entschlossen. »Allein kann er es nicht in Ordnung bringen.«

»Na ja«, überlegt Rainer, »schließlich haben wir auch alle von den Bonbons gegessen.«

»So'n Blödsinn zu machen!« brummt Michael. »Ist

ein klarer Fall«, setzt er hinzu, »jetzt müssen wir ihm helfen.«
»Also gut«, sagt Tobias. »Wir treffen uns alle um drei auf dem Fußballplatz. Kannst du eigentlich Fußball spielen?«
Bernd nickt. »Linksaußen.«
»Warum hast du das nie gesagt?«
»Ihr wollt mich ja nicht.«
»Nun red nicht so geschwollen daher!« Tobias versetzt Bernd einen freundschaftlichen Rippenstoß. »Bis um drei also. Und du spielst dann mit.«
Da muß nun zuerst so etwas passieren, denkt Thomas auf dem Heimweg, und er überlegt, wie Bernd sich nun fühlen mag.

Sascha will einen Hund

In diesem Sommer war manches sehr seltsam. Die Erwachsenen merkten natürlich nichts, und Sascha fragte sich manchmal heimlich, ob sie wohl ein bißchen dumm sein mochten. Aber so etwas durfte man nicht denken.

Rein äußerlich schien ja auch alles wie immer. Die Wiese im Garten war grün, und die Ameisen schleppten riesige Balken in ihre unterirdische Ameisenstadt. Die dicken, roten Köpfe der Geranien fühlten sich kühl an, sogar wenn die Sonne schien, an der Ecke gab es Schokoladeneis, und der Ball sprang in das Blumenbeet der Nachbarin.

Es roch nach heißem Asphalt, nach Apfelpfannkuchen und abends nach Rosen und Gras. Das war aber immer erst, wenn die Sonne hinters Elektrizitätswerk gefallen war.

Lange Zeit hatte Sascha sich um die Sonne gesorgt, und manchmal war sie ja auch für Tage nicht wiedergekommen. Aber jetzt beschäftigte ihn etwas anderes.

Begonnen hatte es an dem Morgen, an dem der Vogel in der kleinen Fichte sang. Sascha war hingegangen. Sehr vorsichtig natürlich. Aber der Vogel war trotzdem weggeflogen. Er war grün.

Als das Lied entzweiriß, hatte Sascha mit einemmal das Gefühl, daß neben ihm ein leerer Platz war. Er wandte sich zur Seite – da war wirklich niemand. Sascha schloß die Augen und blickte nach innen. Innen stimmte etwas nicht. Sascha warf einen Stein in die Richtung, in die der Vogel verschwunden war, aber das machte es auch nicht besser. Der leere Platz blieb. Tage- und wochenlang spürte Sascha ihn, wohin er auch ging. Ob er unter dem Kirschbaum stand oder bei den Mülltonnen, in der Garage oder am Gartentor. Er spürte ihn abends im Bett, wenn er Eis aß, und sogar, wenn er sang. Dann allerdings ein bißchen weniger deutlich.

»Hast du was?« fragte Saschas Mutter einmal.

Er konnte es nicht erklären, aber er verstand nicht, daß sie es nicht von selbst sah.

»Ich will einen Hund«, sagte Sascha eines Abends, als sie miteinander am Tisch saßen.

Er staunte selbst, als er es sagte. Es war so aus ihm herausgekommen. Sein Vater spießte ein Salatblatt mit der Gabel auf. In dem Salat war eine Schnecke gewesen. Sie hatte zwei kleine Hörner gehabt. Sascha hatte die Schnecke in den Garten getragen.

»Du bist noch zu klein für einen Hund«, sagte Saschas Vater. »Später.«

»Nein«, sagte Sascha.

»Ein Hund macht zuviel Arbeit«, sagte Saschas Mutter. »Sei vernünftig!«

Nein, dachte Sascha. Er aß sehr schnell die kleinen, gelben Kartoffeln auf und lief in den Garten hinaus. Da draußen vorm Gartentor würde er sitzen, wußte Sascha, und zwischen den Holzstäben hindurch zu ihm hereinschauen.

»Komm rein«, sagte er, und er drückte die Klinke herunter.

Der Hund kam. Es war ein struppiger Hund, und er hieß Fipsig. Die Erwachsenen sahen ihn nicht. Genaugenommen sah Sascha ihn auch nicht sehr

deutlich. Er fühlte ihn mehr. Aber der Hund war natürlich trotzdem da. Neben ihm, wo der leere Platz gewesen war.

»Sieh mal«, sagte Sascha zu dem Hund und zeigte zum Himmel empor, »das Flugzeug! Es ist aus Papier. Es hat mir gehört. Ich habe es ganz hoch geschmissen, da ist es nicht mehr zurückgekommen. Das fliegt jetzt jeden Tag hier rum.«

Sascha hatte das schon lange jemandem erzählen wollen, er hatte bloß nicht gewußt, wem.

Als er dann losrannte, lief der Hund mit. An sich war das prima, aber Fipsig hatte die dumme Angewohnheit, immerzu vor Saschas Füßen hin und her zu rennen. So mußte Sascha komische große Zickzacksprünge machen, um ihm nicht auf die Pfoten zu treten.

Solange er mit Fipsig allein war, war das nicht so schlimm. Wenn sie alle miteinander spazierengingen, wurde es schon schwieriger.

»Was machst du bloß?« fragte Saschas Mutter.

»Ich springe«, sagte Sascha.

Und sein Vater meinte: »In dem Alter sind sie komisch.«

Abends sagte er das wieder, als Fipsig neben Sascha auf dem Stuhl saß.

»Setz dich richtig auf den Stuhl!«

Sascha wurde ganz steif. Wenn er weiterrückte, würde Fipsig hinunterfallen.

»Ich kann nicht«, antwortete er.

Nachts lag Fipsig mit im Bett.

»Schlaf gut«, sagte Sascha, nachdem seine Mutter das Licht ausgeschaltet hatte.

»Mit wem sprichst du denn?« wollte sie wissen.

»Ich?« sagte er.

Es war furchtbar schwer mit den Erwachsenen.

»Ach, nichts!«

Jetzt hatte Sascha keine Angst mehr im Dunkeln. Einmal kletterte er sogar mit Fipsig durchs Fenster in den Garten. Es war die schwärzeste Nacht aller Zeiten. Noch schwärzer als schwarze Schuhcreme. Alles war ganz komisch. Ein Tier flog durch die Luft. Das schrie wie eine Katze. Das Quietschen der Straßenbahn schien näher als sonst, und der Garten war so groß, daß man sich vorstellen konnte, er höre überhaupt nicht auf.

Der Kirschbaum stand viel weiter links als sonst. Sascha hatte das immer vermutet – daß der Baum nachts herumlief, wenn es keiner sah.
»Wir verraten ihn nicht«, sagte er zu Fipsig. »Großes Ehrenwort!«
Er tastete irgendwo nach einem Stein. Den nahm er mit, zum Zeichen dafür, daß er mitten in der Nacht draußen gewesen war. Dann gingen sie wieder ins Bett.
Es war schön mit Fipsig. Aber manchmal passierten auch ärgerliche Dinge. Hin und wieder lief Fipsig nämlich fort. Sascha bemerkte das gleich. Er fühlte, daß neben ihm ein leerer Platz war.
»Was macht man eigentlich, wenn ein Hund wegläuft?« fragte Sascha so ganz nebenbei.
»Man wartet, bis er wiederkommt«, sagte seine Mutter.
Sie war damit beschäftigt, den Stachelbeeren die Bärte abzuschneiden.
Sascha setze sich draußen auf einen Stein und wartete.
»Da bist du ja endlich!« sagte er, als Fipsig wieder da war. »Vorhin ist ein Zug vorbeigekommen, der wollte mich mit nach Afrika nehmen. Da hättest du mich niemals wiedergesehen.«
Plötzlich war Sascha traurig. Er pflückte eine grüne Tomate ab und biß hinein. Sie schmeckte grauenhaft.
»Fipsig«, sagte Sascha, »du darfst nicht weglaufen. Ich habe doch nur dich«, fügte er hinzu. Das hatte seine Mutter einmal zu seinem Vater gesagt.
Dann war wieder alles in Ordnung. Für lange Zeit

war alles in Ordnung. Nur, daß seine Mutter die Tür immer so schnell schloß, wenn Sascha ins Haus gegangen war, das war unangenehm. Sascha mußte sie jedesmal wieder öffnen, um Fipsig hineinzulassen.

»Es ist Zeit, daß er in die Schule kommt«, sagte Saschas Vater. »Er braucht Spielkameraden. Schade, daß hier keine Kinder in der Nähe sind.«

Von da ab beobachteten sie ihn manchmal. Sascha bemerkte es wohl. Aber sie begriffen natürlich nichts.

Da war Fipsig anders. Er kannte die verzauberten Stellen auf den Steinen, auf die man nicht treten durfte, er wußte, daß unter dem Strauch am Zaun ein lila Elefant wohnte – ein sehr kleiner Elefant, aber Sascha hatte ihn einmal gesehen –, und er wußte, daß es nicht schlimm war, wenn Sascha hin und wieder einen Grashalm aß. Manchmal warf er allerdings die Burg um, wenn sie im Sandkasten spielten. Aber was machte das schon?

Eine Weile konnten sie dann nicht draußen sein, weil es regnete. Sascha blätterte in Bilderbüchern, und Fipsig saß neben ihm.

»Wenn es aufhört«, sagte Sascha, »das wird fein! Wir graben einen unterirdischen Gang. Da leben wir dann. Zum Essen gehen wir natürlich hinauf.«
Und dann passierte es, am ersten Tag, als die Sonne wieder schien. Das heißt – eigentlich passierte überhaupt nichts, jedenfalls nicht für Sascha. Aber die Erwachsenen sahen das anders.
Eines Morgens ging Sascha zum Briefkasten. Hinter dem Gartentor saß ein Hund. Es war natürlich Fipsig. Er war größer, als Sascha gedacht hatte, und schwarz. Und er war einer von den Hunden, die auch die Erwachsenen sehen. Aber trotzdem war es natürlich Fipsig.
»Komm rein!« sagte Sascha, und er drückte die Klinke herunter.
Der Hund kam. Als Sascha ihn streichelte, biß er ihn. »Fipsig«, sagte Sascha, »du bist gemein.«
Er band sein Taschentuch um die Hand und ging in die Küche. Der Hund folgte ihm.
»Kann ich ein Bonbon haben?« fragte Sascha.
»Wo kommt der Hund her?« schrie seine Mutter. »Was ist das für ein Hund?«
»Der war doch immer schon da«, sagte Sascha kauend.
Sekundenlang starrte seine Mutter ihn an.
»Bring den Hund fort!« sagte sie dann.
»Wohin denn?« fragte Sascha.
»Woher hast du ihn denn?«
»Er kam zum Gartentor herein«, antwortete Sascha.
»Dann bring ihn wieder hinaus!«
»Nein«, heulte Sascha und rannte mit Fipsig in die Garage.

»Daran bist du selbst schuld!« sagte Sascha zu dem Hund. »War das nötig?«
Der Hund schaute an Sascha vorbei auf einen Punkt an der Wand, an dem nichts Besonderes war.
Gegen Abend kam Saschas Vater nach Hause.
»Der Hund sieht aus, als ob er niemandem gehört«, meinte er. »Er ist völlig verwahrlost. Vielleicht ist es gut für Sascha, wenn wir ihn behalten. Wir müssen natürlich eine Annonce aufgeben«, setzte er hinzu.
»Aber wenn sich keiner meldet . . .«
»Freust du dich nicht?« fragte er Sascha, der teilnahmslos danebenstand.
Sascha wußte nicht recht. Mußte man sich freuen, wenn man einen Hund bekam, der einem sowieso gehörte?
»Wie nennen wir ihn denn?« fragte Saschas Vater.
»Er heißt Fipsig«, sagte Sascha, und er steckte seine Hand in das verfilzte Fell des Hundes.
»Fipsig«, wiederholte Saschas Vater.
Und es hörte sich an, als ob er etwas im Mund hätte, das er zum erstenmal aß.
Dann fingen sie an, den Hund zu baden.
Daran bist du auch selbst schuld, dachte Sascha.
Und das dachte er in der folgenden Zeit noch oft.
Seitdem der Hund für alle sichtbar geworden war, hatte er sich verändert. Er trat jetzt manchmal auf die verzauberten Steine auf der Terrasse. Doch das konnte natürlich jedem passieren. Er mußte alle Tage gebürstet werden, trug ein Halsband und bellte, wenn Leute vorübergingen.
Aber in Saschas Bett schlief er immer noch. Obschon es verboten war. Saschas Mutter wußte nichts

davon. Oder vielleicht doch. Die schwarzen Haare, die Fipsig auf dem Plumeau hinterließ, waren jedenfalls abends verschwunden.

»Du bist mein Freund«, sagte Sascha zu seinem Hund, als die Mutter ihm einen Griffelkasten kaufte. »Wenn ich in die Schule gehe, kommst du mit. Wir sitzen in der ersten Reihe.«

Der Baum

Das Gefühl kam immer, wenn Sascha in der Badewanne saß. Das heißt, genaugenommen kam es, wenn er aufstand, aus dem warmen Wasser stieg, durchtränkt von Wohlbehagen. Er war dann stärker als sonst, und geheime Vorahnungen ließen ihn erschauern.

»Eines Tages«, verkündete er laut mit hocherhobenen Armen, »werde ich etwas Großes werden!«

Die Mutter lachte. »Einen Meter fünfundneunzig«, sagte sie. »Kann schon sein.«

»Doch nicht so!« sagte Sascha, »ich werde großartige Dinge tun. Ich spüre es in mir. Ganz deutlich.«

»Was denn zum Beispiel?« fragte die Mutter.

»Das ist es ja«, sagte Sascha. »Ich weiß es noch nicht.«

Es liegt im Dunkel der Zukunft, dachte er. Es war sehr aufregend.

»Dein Sohn wird später großartige Dinge tun«, sagte die Mutter zu Saschas Vater.

»Prima«, sagte der. »Wie wäre es, wenn du gleich damit anfingest?«

»Wieso?« fragte Sascha.

Er dachte sich, daß dahinter irgend so ein dummer Erwachsenengedanken stand. Und so war es auch.

»Du könntest dein Zimmer großartig aufräumen«, schlug der Vater vor.

»Ich meine es im Ernst«, sagte Sascha beleidigt. »Ich werde wirklich großartige Dinge tun. Vielleicht werde ich Wasser in die Wüste legen«, überlegte er,

»oder alle Menschen gesund machen, die krank sind. Ich weiß es noch nicht. Ich bin ja auch noch zu klein«, setzte er hinzu.
Aber irgend etwas mußte jetzt geschehen. Sascha erwog, ob er aufs Dach steigen und ganz laut schreien sollte. Als Besiegelung eines Schwures.
»Ich weiß was!« sagte sein Vater da plötzlich.
Sascha blickte ihn mißtrauisch an.
»Du pflanzt einen Baum«, sagte der Vater.
»Und dann?« fragte Sascha ohne Begeisterung.
»Du pflanzt ihn, du gibst ihm Wasser und paßt auf ihn auf. Und der Baum wächst mit dir zusammen Stück für Stück. Einmal seid ihr beide groß. Dann sitzt du in seinem Schatten und denkst dir aus, was du tun wirst. Na?«
»Ja«, sagte Sascha. »Das ist toll! Aber woher kriegen wir einen Baum?« fragte er dann.
»Wir holen ihn.« Der Vater stand auf.
Sie setzten sich ins Auto und fuhren in den Wald. Es gab sehr viele junge Bäume. Eine Weile lief Sascha mit seinem Spaten unentschlossen hin und her.
»Der hier!« sagte er endlich. »Der ist es!«
Es war ein sehr kleiner Baum, aber trotzdem war es schwer, ihn auszugraben, ohne seine Wurzeln zu verletzen.
Auf der Rückfahrt hielt Sascha seinen Baum behutsam auf dem Schoß. Er würde mit ihm gemeinsam wachsen. Im Garten suchte der Vater mit Sascha den richtigen Platz aus.
»Geh nur«, sagte Sascha dann, »ich mach das schon!«
Das Gras stand ziemlich hoch. Er rupfte einen run-

den Fleck kahl, dann grub er das Loch. Sehr behutsam setzte er den winzigen Baum hinein, krümelte mit beiden Händen Erde über die Wurzeln und drückte sie fest. Er ging ins Haus, holte die Gießkanne und gab seinem Baum Wasser. Danach setzte er sich neben ihn ins Gras.
»Wir werden wachsen«, sagte Sascha zu dem Bäumchen, »und später werde ich große Dinge tun. Und immer werde ich zu dir kommen und dir alles erzählen. Wir gehören nämlich zusammen.«

Es war ein feines Gefühl

Jeden Tag ging Sascha zu seinem Baum. Die Mutter schaute ihm lächelnd zu.

»Wachs schön!« sagte Sascha zu dem Bäumchen, wenn er ihm Wasser gab. »Wenn du groß bist, werden bunte Vögel bei dir wohnen.«

Und dann geschah es: Abendtau war gefallen, und der Vater mähte die Wiese. Natürlich dachten sie, Sascha habe es nicht bemerkt. Aber Sascha hatte es gemerkt. Es war, als ob ein Messer durch ihn hindurchführte. Der Vater hatte versehentlich den winzigen Baum mit abgemäht!

Er hatte mit der Mutter getuschelt, und die Mutter hatte alles getan, um Sascha im Haus zu halten. Sascha blieb im Haus. Sie sollten nicht wissen, daß er es wußte.

Er ging in sein Zimmer und setzte sich auf einen Stuhl. Sein Baum war tot. Sie würden nicht miteinander wachsen. Durchs Fenster kroch die Dämmerung herein.

»Sascha?« rief die Mutter. »Was machst du?«

Sascha räusperte sich leise.

»Ich suche was!« rief er, und er hoffte, daß seine Stimme munter klang.

Später, als sie ihn ins Bett gebracht hatten, hörte er sie fortfahren.

Sascha stand auf und trat ans Fenster. Der Mond war da. Die Wiese lag eben, und es duftete süß nach trocknendem Gras.

Es dauerte lange, bis die Eltern zurückkamen. Der Vater trug den Spaten und die Mutter den winzigen Baum. Sie taten es stumm.

Sascha hatte plötzlich das Gefühl, erwachsen zu sein. Er legte sich in sein Bett und schlief.
Als er am anderen Mittag die Gießkanne nahm, fing er einen Blick seiner Eltern auf. Sascha ging hinaus. Er goß den Baum, der nicht sein Baum war, und setzte sich neben ihn ins Gras. Er wußte, daß sie ihn beobachteten. Er würde dieses Spiel weiterspielen. Er konnte es ihnen nicht antun.

Ich bin Simmy

»Ich bin Simmy«, sagt Simmy zu seinem Spiegelbild.
Dann strecken sie sich gegenseitig die Zunge heraus.
Seit Simmy hier wohnt, ist alles anders. Der Lichtschalter ist links statt rechts, der Schrank steht falsch, und wenn Simmy aus dem Fenster schaut, sieht er Bäume mit braunen Blättern. Da, wo er vorher war, waren die Bäume grün.
Seine Mutter sagt, das sei so, weil es nun Herbst wird. Aber Simmy glaubt das nicht. Das ist so, weil hier alles weniger schön ist.
Simmy geht aus der Wohnung. Er rennt die Treppe hinunter, so laut er kann.
Draußen läuft er nach links. Da ist der Park. Die Kinder, die er nicht kennt, spielen ein Murmelspiel. Simmy klettert auf das Dach des kleinen Geräteschuppens. Da kann er sie beobachten, und sie wissen nicht, daß er hier ist. Er hat auch Murmeln in der Tasche. Und er wüßte noch andere Spiele. Bessere!
Jeden Tag schaut er den Kindern zu. Manchmal denkt er, was geschehen würde, wenn er vom Schuppendach herunterfiele. Bums, säße er vor ihnen.
»Ich bin Simmy«, würde er sagen.
Und dann würden sie miteinander spielen.
Aber Simmy fällt nicht herunter. Es passiert überhaupt nichts, er kann noch so sehr warten.
Seit es geregnet hat, ist da, wo das tiefe Loch im

Gehsteig war, ein kleiner See. In dem See wohnt das Krokodil. Es ist ein einsames Krokodil, und es ist immer traurig. Nur wenn Simmy kommt, freut es sich.
Simmy hockt sich an den Rand des Wassers und macht die Augen zu. Dann kommt es heraus und setzt sich neben ihn. Anfassen läßt es sich nicht. Es ist noch scheu. Einmal wirft Simmy ihm ein Stück Schokolade in den See. Immer geht Simmy vom Park aus zu seinem Krokodil. Jeden Tag. Bis das Unglück passiert: Da kommt ein Mann mit großen Füßen, und der paßt nicht auf und tritt in den Krokodilsee hinein.
Platsch! geht es, und der Mann schimpft, und das Krokodil ist weg! Es kommt nie mehr wieder, weil der Mann ihm auf den linken Hinterfuß getreten ist.
Am anderen Tag ist die Pfütze fast ganz ausgetrock-

net. Simmy stochert mit einem Stock darin herum. Ein kleines Stückchen Papier findet er. Vielleicht hat das Krokodil ihm einen Brief geschrieben. Aber Simmy kann nicht krokodilisch lesen.
Er steht da, und mit einemmal hat er eine Wut, die riesengroß ist. Auf das Krokodil, auf die Stadt, wo die Bäume braune Blätter haben, auf die Kinder, die er nicht kennt, und überhaupt auf alles! Und am meisten Wut hat er auf sich selbst.
Da rennt er los zum Park. Er rennt und rennt und kriegt schon fast keine Luft mehr. Er erreicht die Kinder, und mit dem letzten bißchen Luft, das er hat, sagt er:
»Ich bin Simmy.«
Da fängt dann eine neue Geschichte an. Die Kinder und Simmy spielen jeden Tag miteinander, Simmy vergißt das Krokodil, der Lichtschalter ist an der richtigen Stelle, und die Blätter an den Bäumen sind überhaupt nicht braun. Gelb und rot und golden sind sie. Es ist nämlich Herbst.

Neue Mütter gibt es nicht

»Du brauchst nicht traurig zu sein.« Christina zog ihrer Puppe Jette den rechten Strumpf hoch. »Ich lasse dich nicht allein. Nie!« fügte sie bekräftigend hinzu. Aber Jette schien ihr trotzdem traurig. Das war früher anders gewesen. Vieles war anders gewesen – Christina selbst, der Vater, die Wohnung und der Garten.

Christina ging die Straße entlang. Sie hielt Jette am Arm, so daß sie neben ihr her baumelte. Vorm Gemüseladen lag Flupsy in der Sonne, den Kopf zwischen den Pfoten.

»Gehst du mit?« fragte Christina.

Aber der Hund rührte sich nicht. Christina ging weiter. Sie wollte auch gar nicht, daß er mitkam. Plötzlich hörte sie Schritte hinter sich.

»Du sollst heimkommen!« rief Peter. »Deine Mutter sucht dich.«

»Pah!« sagte Christina.

»Hörst du nicht?« Peter blieb neben ihr.

Er hatte ein Pflaster auf dem Knie.

»Bist du hingefallen?« fragte Christina.

»Abgestürzt«, sagte Peter.

Er war nämlich manchmal ein Flugzeug.

»Deine Mutter sucht dich«, wiederholte er dann.

Christina blieb stehen.

»Ich habe keine Mutter«, sagte sie. »Meine Mutter ist tot.«

Sie fühlte, daß sie sehr zornig war, als sie das sagte.

»Na ja.« Peter zupfte an einer Schlaufe, die aus seiner Strickjacke heraushing.

»Deine neue Mutter, mein ich.«
»Neue Mütter gibt es nicht«, erklärte Christina.
»Du bist blöd!«
»Selbst blöd!« sagte Peter. »Haut sie dich?« fragte er dann.
Christina schüttelte den Kopf. Plötzlich mußte sie heftig schlucken.
»Hast du was?« wollte Peter wissen.
»Nein«, sagte Christina.
Und damit es glaubhaft wirkte, wirbelte sie Jette am Arm durch die Luft.
»Laß mich mal!« Peter griff nach der Puppe.
»Nicht!« fauchte Christina.
Was der sich dachte! Schließlich war Jette ihr Kind.
»Dann tschüs!« sagte Peter.
Christina ging in die falsche Richtung weiter. Die neue Frau ihres Vaters wartete auf sie. Sie hieß Heide. Er hatte sie geheiratet. Aber bloß deswegen war sie noch lange nicht ihre Mutter! Sie hatte den Sessel ans Fenster gestellt. Den dicken grünen Sessel, der immer neben dem Ofen gestanden hatte. Und dann begoß sie die Veilchen von oben. Dabei mußte man sie von unten gießen. Aber die Veilchen blühten trotzdem. Christina wünschte, sie täten das nicht.
Es gab vieles, was Christina nicht wollte. Daß ihr Vater seine Hand auf die Hand der neuen Frau legte, wollte sie nicht, und daß der Wellensittich sang, als ob nichts wäre. Fips, der Wellensittich, der auf der Schulter ihrer Mutter gesessen hatte!
Und im Garten blühte nicht eine Sonnenblume. Immer hatten da Sonnenblumen geblüht.

»Hast du schon gegessen?« Die Zeitungsfrau kam aus ihrem Kiosk und schloß hinter sich ab.
»Ich . . .« sagte Christina. »Ich muß irgendwo hin«, fügte sie dann hinzu.
Und sie ging weiter auf dem vertrauten Weg, den hohen Bäumen entgegen, die den Friedhof umstanden.
Jette waren die Augen zugefallen. Christina drückte sie fester an sich. Sie blickte auf die Puppe hinab. Hübsch sah sie nicht aus in ihren fleckigen Kleidern.
Zu Christinas Geburtstag hatten neue Puppenkleider auf dem Tisch gelegen, neben den Blumen und dem Kuchen. Aber Christina hatte sie in ihrem Schrank verkramt. Ganz hinten unter den Nachthemden.
Jetzt hatte sie den Friedhof erreicht. Sie zog das große, rostige Eisentor auf und ging hinein. Der Friedhof war ein guter, fröhlicher Ort. Christina war gerne hier. Überall blühten Blumen, in den Bäumen sangen die Vögel, und Eichhörnchen huschten die Äste englang.
Christina wußte genau, wo ihre Mutter nun war. Sie hätte im Dunkeln hinfinden können.
»So«, sagte sie, als sie da war. Sie legte Jette neben sich und setzte sich ins Gras. »Du brauchst keine Angst zu haben«, sagte sie, »ich laß dich nicht allein.«
Ein gelber Schmetterling flog über den Blumen dahin. Er sah aus, als ob er müde sei. Christina schaute ihm nach, bis er hinter den Tannen verschwand. Dann legte sie den Kopf auf den Erdhü-

gel, zwischen den Stiefmütterchen, die Katzengesichter hatten, und schlief ein.
Im Traum suchte sie ihr Bett. In der Wohnung stand es nicht mehr. Aber sie fand es endlich im Garten, zwischen den Sonnenblumen. Kaum hatte sie sich hingelegt, begann es hochzuschweben, dem Himmel entgegen. Christina wußte, daß sie da oben erwartet wurde. Doch die neue Frau ihres Vaters, die Heide hieß, machte aus ihrem schmalen Ledergürtel ein Lasso und fing das Bett ein.

»Nein!« schrie Christina, als sie zum Boden zurücksank, »laß mich los!«
Eine tiefe Stimme lachte neben ihr. Es war der Friedhofswärter, der sich über sie beugte. »Du wirst dich erkälten«, sagte er. »Steh auf, Kleines.«
»Ja«, antwortete Christina.
Sie sprang auf die Füße und nahm Jette.
»Willst du nicht heimgehen?« fragte der alte Mann.
Christina nickte. Für einen Augenblick kniete sie am Grab nieder.
»Tschüs«, flüsterte sie, »bis morgen.«
Dann machte sie sich auf den Weg. Es begann zu regnen. Christina blickte zum Himmel empor. Da fiel ihr das Lied ein:

»Regentier mit tausend Füßen
Will vom fernen Himmel grüßen.
Klopft ans Fenster, springt aufs Dach,
Kätzchen unterm Herd wird wach.«

Aber das mochte Christina nicht denken. Sie ging weiter, am Zeitungskiosk vorbei, der jetzt leer stand. Flupsy war auch nicht mehr draußen. Es war überhaupt sehr still.
»Schläfst du?« fragte sie Jette. Jette schien zu blinzeln.
Christina wollte nicht nach Hause gehen. Aber sie ging trotzdem nach Hause. Als sie hinunterblickte, sah sie wieder, daß sie ihre Sonntagsschuhe trug. Sie hatte sie einfach angezogen heute morgen, und es war nicht aufgefallen. Sicher wußte die neue Frau gar nicht, daß es ihre Sonntagsschuhe waren. Es waren rote Schuhe. Christina hatte sie damals selbst aussuchen dürfen.

Sie wich einer Pfütze aus und ging schneller.

Die Frau des Vaters stand am Fenster. Sie hatte geweint.

»Da bist du ja«, sagte sie. »Ich habe mir Sorgen gemacht.«

Christina biß die Zähne aufeinander. Stumm hielt sie Jette umklammert.

»Wasch dir schnell die Hände. Du hast ja noch nicht gegessen.«

Christina blickte ihre Hände an.

»Sind sauber«, sagte sie.

Die Frau stand mit dem Rücken zum Fenster. Das Licht von draußen legte einen hellen Schein auf ihr Haar. Christina sah, wie die Frau die Schultern zusammenzog, als wäre ihr kalt. Dann ging sie an ihr vorüber in die Küche.

Plötzlich begann Fips zu singen. Er saß auf der Lampe. Sie ließen ihn oft aus seinem Käfig am Nachmittag. Früher war er dann auf die Schulter ihrer Mutter geflogen.

Und nun saß er auf der Lampe und sang, als sei nichts anders geworden. Christina blickte ihn böse an.

»Sei still!« sagte sie.

Im selben Augenblick bemerkte sie, daß das Fenster einen Spalt offenstand. Wenn er nun hinausflog! Christina wußte, daß sie das Fenster schließen mußte. Ganz schnell mußte sie es schließen. Aber gleichzeitig war der Wunsch in ihr, daß er fortfliegen möge.

Und während sie da stand wie gelähmt, sah sie zu, wie er die Flügel breitete. Er flatterte auf den Vorhang zu, krallte sich für Sekunden in den Stoff. Dann, wie von ihrem Wunsch getragen, flog er durch den Fensterspalt hinaus.

»Fips!« schrie Christina. »Fips!«

Sie hörte die Küchentür und spürte, daß die Frau neben ihr stand.

»Was ist geschehen?«

»Er ist weggeflogen.«

»Ich habe vergessen, das Fenster zu schließen«, sagte die Frau. »Mein Gott!«

Sie riß beide Fensterflügel auf und lehnte sich hinaus.

Plötzlich begann Christina hemmungslos zu weinen.

»Ich war es!« schluchzte sie. »Ich.«

Die Frau stand mit hängenden Armen vor ihr, wagte nicht, das Kind zu berühren.

»Wieso?« fragte sie leise.

»Ich habe es gewollt«, weinte Christina. »Ich habe gewollt, daß er wegfliegt.«

»Ich dachte, daß du ihn gern hast«, sagte die Frau.

»Ja!« schrie Christina. »Nein! Er sollte nicht singen!«

Mit einemmal umklammerte sie die neue Frau ihres Vaters.

Heide legte den Arm um ihre Schultern.

»Warum sollte er nicht singen?« fragte sie.

»Wie kann er singen, wo sie gestorben ist«, schluchzte Christina. »Er hat auf ihrer Schulter gesessen. Alles ist anders. Alles ... Du bist nicht meine Mutter«, setzte sie hinzu. »Nie bist du meine Mutter!«

»Nein«, sagte die Frau. »Ich bin nicht deine Mutter. Aber ich bin bei dir.«

Minutenlang standen sie still beieinander.

»Komm«, sagte die Frau endlich, und sie strich Christina die feuchten Haare aus dem Gesicht. »Wir wollen versuchen, ihn wiederzufinden. Die Nächte sind schon kühl. Das bekommt ihm nicht.«

Christina blickte zu ihr auf.

»Es tut mir so leid«, sagte sie.

»Ich weiß«, sagte die Frau. »Ich weiß, wie traurig du warst. Und ich war es auch.«

Dann gingen sie zusammen hinaus und begannen, Fips zu suchen.

Sonnenblume

Im Winter waren Vögel auf dem Balkon gewesen, Meisen und Spatzen. Ingo hatte sie mit Sonnenblumenkernen gefüttert. Damals steckten Tannenzweige im Blumenkasten.
Jetzt war Sommer. Die Geranien setzten Knospen an. Aber es wuchs noch etwas anderes zwischen ihnen, eine kleine Pflanze mit zwei grünen Blättern.
»Das wird eine Sonnenblume«, sagte die Mutter. »Ein Kern vom Vogelfutter muß hineingefallen sein.«
Und sie hob die Hand, um den Keimling auszuzupfen.
»Nein!« schrie Ingo.
Die Mutter schaute ihn an und lachte. Und von dem Augenblick an war es klar, daß die Sonnenblume Ingo gehörte.
»Wann wird sie blühen?« fragte er.
»Noch lange nicht«, antwortete die Mutter. »Zuerst muß sie groß werden.«
Ingo schaute jeden Tag ein paarmal nach. Die Sonnenblume schien ihm unverändert. Eine Weile vergaß er sie fast. Aber dann war sie plötzlich doch ein Stück gewachsen. Ingo gab ihr täglich Wasser. Er strich vorsichtig über die Blätter, die so rauh waren wie die Zunge einer Katze. Er stellte sich vor, wie die Sonnenblume sein würde, wenn sie erst ihr goldenes Blütengesicht entfaltete. Wir werden uns gegenüberstehen, dachte er, und uns anschauen. Möglichwerweise würde er ihr das sagen – daß sie eigentlich ein Körnchen Vogelfutter gewesen war.

Und daß eine Meise sie damals aus ihrem Schnabel fallen ließ. Es konnte natürlich auch ein Spatz gewesen sein, aber Ingo wollte, daß es eine Meise war. Doch vorerst blühte die Sonnenblume nicht. Sie wuchs und bekam neue Blätter. Und eines Tages stellte Ingo fest, daß sie größer war als er. Überhaupt entfernte sie sich von ihm. Sie lehnte sich vor und reckte sich über die Balkonbrüstung hinaus.
Ingo war traurig und ärgerlich. Zum Schluß wird sie umfallen, dachte er.
Er suchte im Park nach einem Stöckchen und band sie an.
»Warum wird sie denn so groß«, fragte Ingo. »Wohin will sie?«
»Zur Sonne«, antwortete seine Mutter.
»Das schafft sie doch nie!« meinte Ingo.
»Wer weiß das schon«, sagte seine Mutter.
»Ist schon mal eine Blume bis zur Sonne gewachsen?« fragte Ingo verblüfft.
»Bis jetzt noch nicht«, entgegnete seine Mutter. »Aber sie versucht es eben.« Von da an düngte Ingo die Sonnenblume mit einer grünen Flüssigkeit aus einer Flasche. Und die Sonnenblume wuchs. Am besten konnte man das jetzt von der Straße her sehen. Sie streckte sich aus dem Balkon, dann hob sie sich mit einem sanften Knick dicht an der Hauswand entlang weiter empor.
Längst hatte Ingo den dicken Blumenstengel mit einer Kordel an dem Haken in der Balkonwand befestigt. Wenn es stürmt, wird sie oben abbrechen, dachte er besorgt. Aber er wußte nicht, was er dagegen tun konnte.

»Was starrst du denn an?« fragte plötzlich neben ihm ein Junge, der sein Freund war.
»Die Sonnenblume«, sagte Ingo.
Der andere lachte.
»Züchtest wohl jetzt Gemüse, hm?«
Ingo spürte, daß er zornig wurde. Aber gleichzeitig war ihm die Sache auch peinlich. Er schwieg. Als er später auf dem Balkon stand, hatte er ein ungutes Gefühl. Gemüse! dachte er erbost, und ihm war, als habe er jemanden im Stich gelassen.
Als die Sonnenblume die Brüstung des oberen Balkons erreicht hatte, sah Ingo die Knospe. Nun würde sie also blühen.
»Wenn sie blüht, wächst sie nicht mehr weiter«, sagte seine Mutter.
Sie hat die Sonne nicht erreicht, dachte Ingo. Aber sie hat es wenigstens versucht!
Was ihn am meisten störte, war die Tatsache, daß seine Blume nun da oben blühen würde, ausgerechnet am Balkon des alten Mannes, der so unfreundlich war. Und er, Ingo, der die winzige Pflanze behütet hatte – was hatte er nun davon? Er beschloß, sich nicht weiter um die Angelegenheit zu kümmern. Ab und zu schielte er natürlich trotzdem hinauf. Aber dann war es seine Mutter, die ihm eines Morgens sagte, daß die Sonnenblume nun blühe.
Die Knospe war aufgebrochen. Die gelben Blütenblätter stellten sich rings um das dunkelgoldene Blumenherz. Ingo blinzelte zu ihr hoch. Sie ist selbst eine Sonne, dachte er dann. Eine wunderbare Sonne. Er stand lange sehr still. Es war seine Blume. Glücklich war er und stolz und auch traurig.

Am anderen Tag fing der Ärger an. Eben als Ingo hochsah, schlug der alte Mann sein schmutziges Staubtuch aus – direkt ins Gesicht der Sonnenblume.
»He!« rief Ingo.
Er rief es ziemlich zaghaft. Dann wurde ein Besen über die Brüstung gekippt.
»Mensch!« sagte Ingo laut.
Sekundenlang glaubte er das Gesicht des alten Mannes zwischen den Blumentöpfen mit Petersilie auftauchen zu sehen. Aber er konnte sich auch getäuscht haben.
Die Tücher und der Besen aber wedelten täglich ihren Staub in das Gesicht der Blume. Der ist für mich erledigt, beschloß Ingo. Für allezeit!
An einem heißen Nachmittag badete Ingo mit den anderen Kindern im Kanal, als sich von Westen eine Wolkenwand vorschob. Es gibt ein Gewitter, dachte Ingo. Sturm! Meine Sonnenblume wird umknicken.
»Ich muß nach Hause«, sagte er.
Die anderen lachten ihn aus.
»Hast wohl Angst!«
Ingo antwortete nicht. Er lief los. Schon hatten die Wolken die Sonne verschluckt. Blitze flammten auf, und der Donner schlug seine große Trommel. Ingo rannte, als gehe es um sein Leben. Ich komme zu spät, dachte Ingo, und er warf sich gegen den Sturm. Bestimmt ist sie umgefallen.
Aber als er endlich keuchend um die letzte Ecke stolperte, sah er, daß die Sonnenblume unverändert stand. Er rannte die Treppen empor und stürzte auf

den Balkon. Hinter ihm warf der Sturm die Tür ins Schloß. Die Geranien wurden hin und her geschüttelt, und ein paar ihrer Blüten waren geknickt. Die Sonnenblume aber stand seltsam still. Trotzdem umfaßte Ingo mit beiden Händen ihren Stengel.

Dann beugte er sich über die Brüstung und schaute hinauf.
Dicht unter dem schweren Kopf seiner Blume war ein Band um den Stiel geschlungen. Und das Band verschwand zwischen den Eisenstäben des oberen Balkons. Zuerst begriff Ingo nicht. Dann aber wurde ihm klar, daß der alte Mann seine Sonnenblume festgebunden hatte. Er hatte sie festgebunden, damit der Sturm sie nicht knickte. Ingo schämte sich. »Er ist prima«, sagte er später zu seiner Mutter. »Und der Staub ist jetzt auch weg, vom Regen.«
Dann war das Gewitter vorüber. Nur in der Ferne brummte der Donner wie ein müder Bär.
»Findest du nicht auch, daß sie den Kopf ein wenig hängen läßt?« fragte Ingo.
»Sie ist nun bald verblüht«, sagte seine Mutter. »Mit den reifen Kernen kannst du im Winter die Vögel füttern.«
Ingo schwieg. Dann fiel ihm etwas ein.
»Einen stecke ich in die Blumenerde«, sagte er. »Im nächsten Frühjahr.« Und er sah ganz fröhlich aus.

Der kleine Mann und die Planierraupe

Am Stadtrand, wo die Wiesen und die Wälder beginnen, stand einmal eine alte Planierraupe. Sie war ungefähr so groß wie ein Wochenendhaus, und sie gehörte niemandem. Der Regen kam zu ihr, die Vögel und die Sonne. Und auf ihrer Motorhaube wuchs eine himmelblaue Blume.

Tage vergingen, Wochen und Monate. Da wurde die Planierraupe immer ein bißchen rostiger.

Zur gleichen Zeit lebte in der Stadt ein kleiner Mann, der nichts besaß als sich selbst und seine Wünsche. Seine Wünsche aber drehten sich alle um eine Planierraupe. Tag und Nacht träumte er davon. Und weil die Träume sich niemals erfüllen wollten, wurde der Mann immer ein bißchen trauriger.

An einem Tag im Frühling, an dem es nach Mottenpulver duftete und nach jungem Gras, spazierte der Mann durch die Stadt. Er schaute sich die Leute an. Aber die Leute beachteten ihn nicht. Es war nichts Besonderes an ihm, und seine Wünsche konnten sie ja nicht sehen.

Der Mann ging die Hauptstraße entlang, um den Berg herum, der genau in der Mitte der Stadt steht, am Fluß vorbei bis an den Stadtrand. Und da geschah es, daß er plötzlich die Planierraupe sah. Es war wie ein Wunder, und auch wieder nicht. Denn wenn man bedenkt, daß zwei, die füreinander bestimmt sind, immer eines Tages zusammentreffen, so war es die einfachste Sache der Welt.

Der Mann starrte zu der Planierraupe empor, und

weil sich nun alle seine Wünsche erfüllt hatten, wurde ihm vor lauter Glück ganz nächtlich vor den Augen, und er mußte sich erst einmal hinsetzen. Mitten in einen Distelbusch setzte er sich, aber es war trotzdem der schönste Augenblick in seinem Leben.

Ein wenig später kletterte der kleine Mann auf die Planierraupe. Er fühlte sich gleich viel größer, und stärker fühlte er sich auch. Er warf den Motor an, legte die Gänge ein und fuhr los. Da brummte die Planierraupe das Planierraupenlied. Und das klang in den Ohren des Mannes süßer als der Gesang der Nachtigall.

Die Leute liefen aus ihren Häusern, als sie die Planierraupe hörten. Sie bogen die Köpfe zurück und schauten zu dem kleinen Mann empor. Und der blickte auf sie hinab und winkte ihnen zu.

Am nächsten Tag malte der Mann die Planierraupe

an. Gelb wie die Sonne malte er sie und rot wie tausend Himbeeren. Und danach sah die alte Planierraupe so schön aus, daß der Mann sich überhaupt nichts Schöneres vorstellen konnte. Er kletterte hinauf und beschloß, nun für immer oben zu bleiben.
Zu dieser Zeit dachte der Mann sich so allerlei. Er dachte, daß er nun große Taten vollbringen wollte. Zuerst würde er die Hauptstraße reparieren. Er hupte so laut, daß es fürchterlich klang und alle Leute ganz erschreckt in ihre Häuser liefen. Dann legte er den Gang ein, drückte den richtigen Knopf, und die Planierraupe begann die Straße in Ordnung zu bringen. Alle Schlaglöcher warf sie zu, und die Straßenränder wurden so gerade wie der untere Strich einer Eins.
Der Mann war so stolz, daß ihm ein bißchen schwindelig im Kopf wurde. Und die Leute kamen aus ihren Häusern und dankten ihm sehr. Eine so schöne Straße hatten sie niemals zuvor gesehen. Nicht einmal in Büchern. Sie schenkten dem Mann Leberwurstbrote und warme Socken, und die Planierraupe bekränzten sie mit Girlanden.
Zum Schluß sangen sie sogar ein Lied, in dem fünfzehnmal »Hurra!« vorkam, und es war richtig feierlich.
Nur ein schwarzer Hund benahm sich daneben. Er hob ein Bein an der girlandenbekränzten Planierraupe. Aber zum Glück hat das niemand gesehen.
Während der nächsten Tage besserte der Mann mit der Planierraupe auch die anderen Straßen aus. Viele Male drückte er die richtigen Knöpfe, er drehte das Steuerrad, das groß und rund war wie

eine Geburtstagstorte für einen Riesen, und war glücklich.
Eines Tages waren alle Straßen katzenfellglatt. Da begann der Mann einfach neue Straßen zu bauen. Überall, wo ein bißchen Platz war, baute er eine Straße. Vom Flugzeug aus glich die Stadt einem Spinnenetz.
Nun führten aber manche Straßen überhaupt nirgendwohin, und so kam es, daß die Kinder sich häufig verliefen. Die Leute waren dem Planierraupenmann trotzdem sehr dankbar, denn er vollbrachte noch andere große Taten.
Zum Beispiel begradigte er den Fluß. Und der war wirklich schief und krumm gewesen, so daß die Fische immerzu um viele Ecken schwimmen mußten und die Boote auch. Eigentlich war ja der Fluß vorher hübscher, aber die Leute fanden, daß er nun praktischer war.
Die Tage vergingen und die Nächte. Allerlei Schönes geschah ringsum. In den Gärten blühten Vergißmeinnicht, die jungen Stare lernten fliegen, die kleinen Mädchen trugen rosa Schleifen im Haar, und manchmal fiel ein Stern vom Himmel.
Aber der Planierraupenmann bemerkte nichts davon. Er wollte nur immerzu mit der Planierraupe arbeiten. Dann fühlte er sich mächtig und so fidel, als sei er ein bißchen betrunken. Und er vergaß, daß er eigentlich nur ein kleiner Mann war. Sogar in den Nächten fand er keine Ruhe mehr.
Einmal, als der Mond golden und ein wenig abgegriffen aussah wie eine alte Goldmünze, schaltete der Mann die Gänge ein und fuhr zur Burgruine.

Er drückte ein paar Knöpfe, und die Planierraupe schob sich drohend gegen die Mauer vor. Neunundneunzig Fledermäuse flatterten auf, und auch die Bäume sollen sich gefürchtet haben in dieser Nacht.

Am anderen Morgen gab es die Burgruine nicht mehr. Den meisten Leuten war das ziemlich gleichgültig. Doch es gab auch Leute, die es nicht richtig fanden. So eine alte Burgruine kann man nie mehr ersetzen. Die Fledermäuse aber waren traurig. Sie waren nun obdachlos.

Der Mann achtete nicht auf die Leute und auf die Fledermäuse schon gar nicht. Er winkte auch niemandem zu. Nur das Planierraupenlied wollte er hören und spüren, wie mächtig er war. War er nicht der größte Mann in der Stadt? Und der stärkste dazu? Es kam wahrhaftig so weit, daß er aufhörte, sich etwas zu denken.

Nur die Knöpfe drückte er, einen nach dem andern, ganz gleich, ob es nun der richtige war oder ein falscher. So geschah es, daß die Planierraupe den Teich zuschüttete, das Denkmal mit dem Helden umwarf und die alte Stadtmauer einriß.

Da begannen die Leute sich vor der Planierraupe zu fürchten. Sie hätten gerne mit dem Mann geredet, aber der hörte sie nicht. Er ratterte kreuz und quer durch die Stadt und richtete Unheil an.

Die Kinder weinten, die Katzen versteckten sich auf den Dächern hinter den Schornsteinen, und die Rosen hielten sich in ihren Knospen verborgen.

Das Allerschlimmste aber geschah in einer Samstagnacht. Als die Leute am Sonntag in aller Frühe aufstanden, um auf den Berg zu steigen, wie sie es gewohnt waren – da war kein Berg mehr da! Die Planierraupe hatte ihn während der Nacht abgetragen. Platt wie ein Eierkuchen lag die Stadt.

Da waren die Leute traurig und zornig und sehr verzweifelt. Und sie beschlossen, nun endlich etwas zu unternehmen. Als sie die Planierraupe kommen sahen, stellten sie sich alle zusammen auf die Straße und versperrten ihr den Weg. Das war natürlich sehr gefährlich, denn wenn der Planierraupenmann den falschen Knopf gedrückt hätte, wären sie alle tot gewesen. Aber weil sie nicht warten wollten, bis am Ende auch ihre Häuser zerstört würden und ihre Kaninchenställe, mußten sie es wagen.

Als der Planierraupenmann sah, daß die vielen Leute mit ihm reden wollten, stellte er den Motor ab. Da verstummte seit langer Zeit das Planierraupenlied, und der Mann begann sich wieder ewas zu denken. Ganz langsam stieg er hinunter. Und als er erst zwischen den Leuten stand, merkte er, daß er im Grunde nichts war als ein kleiner Mann. Er schämte sich sehr, und er senkte den Kopf und hörte sich alle Vorwürfe an.

Und dann begriff er, daß er allein schuld war. Er hatte sich vom Planierraupenlied betören lassen. Eine Planierraupe ist zwar stark, aber sie kann doch nicht denken. Und wenn niemand da ist, der für sie denkt, richtet sie eben lauter Unheil an.

Und weil der Mann das begriff, wurde alles wieder gut. Die Leute brauchten sich nicht mehr zu fürchten, die Katzen stiegen von den Dächern herab, und die Rosen blühten auf.

Die Planierraupe rattert auch heute noch durch die Stadt. Sie hilft mit, wenn irgendwo ein neues Haus gebaut wird oder ein altes abgerissen. Und zwischendurch bemüht sich der Planierraupenmann, den Berg wieder aufzutragen. Mitten in der Stadt, genau an der Stelle, an der er einmal war.
Vielleicht werden die Leute die ganze dumme Geschichte eines Tages vergessen. Der Planierraupenmann aber vergißt sie sicher nie.

Der Uhu, der Johannes hieß

In einer Sommernacht, als eben ein Stern vom Himmel fiel, schlüpften im Tannenwald drei Uhukinder aus dem Ei. Zwei von ihnen waren wie alle Uhus der Welt. Der dritte aber war ein besonderer Uhu.

Uhuline, seine Mutter, merkte das sofort. Sie nannte ihn Johannes. Das ist für einen Uhu ein ganz und gar ungewöhnlicher Name. Uhus heißen nämlich sonst immer Jum-Jum.

»Ich werde diese Welt ergründen«, sagte Johannes zu den Tieren, als er zu sprechen anfing.

Dann schloß er die Augen und dachte nach. Bald beherrschte er die Uhusprache wie kein anderer. Sogar das schwierige Wort »Schu-huau-schu-tsu-tschu« sprach er fehlerfrei aus.

Er wuchs heran und wurde der schönste Uhu weit und breit. Und er interessierte sich für alles. Jeden Abend schaute er nach, ob die Bäume gerade standen, er zählte die Sterne, sah hinter jeden Strauch, und er flog sogar bei Tag umher.

»Am Tag regiert die Sonne«, sagte Uhuline. »Sie wird dich verbrennen.«

Aber Johannes verbrannte nicht. Er stülpte sich ein nasses Blatt auf den Kopf.

»Ich bin weise«, sagte er eines Morgens um acht erschöpft. »Ich habe die Welt ergründet.«

Und er legte sich drei Tage und drei Nächte auf den Rücken und schlief.

Als er wieder aufwachte, begannen die Tiere ihm allerlei Fragen zu stellen. Und Johannes wußte immer eine Antwort.

»Wozu werfen die Bäume ihre Blätter ab?« fragte ihn das Eichhörnchen im Herbst.

»Woher kommen die Blumen?« wollte das Wiesel wissen.

»Warum ist der Himmel blau?«

Johannes sagte es ihnen.

Er schlichtete Familienstreit, er kannte ein Mittel gegen Zahnschmerzen, und als die Igelkinder nachts nicht schlafen wollten, komponierte er ein Igelwiegenlied.

»Wieso schnarcht das Rotkehlchen?« fragte der Rabe in der Kra-Sprache.

Das Reh wollte erfahren, wo die Sonne ist, wenn sie nicht scheint.

»Woher kommt der Regen?« fragten die Tiere. »Was flüstern die Gräser sich zu?«

Und eines Tages zupfte ein kleiner Spatz Johannes am Flügel.
»Wo fängt die Welt an?« piepste er.
»Links«, antwortete der große Uhu. »Und rechts hört sie auf. Du kannst sie übersehen.«
Aber ausgerechnet in diesem Augenblick geschah etwas, was Johannes noch nie erlebt hatte: Ein Flugzeug flog über den Wald dahin.
»Was ist das?« fragte der Spatz.
»Ein Vögelchen«, brummte Johannes verächtlich.
Es war ihm unangenehm, daß das Flugzeug größer war als er selbst.
Das Flugzeug flog über ihn hinweg und weiter. Da wurde es Johannes plötzlich klar, daß die Welt nicht da zu Ende sein konnte, wo er es vermutet hatte. Denn wäre der fremde Vogel mit seiner großen Geschwindigkeit gegen die Grenze der Welt geflogen, so müßte es mindestens einen Knall gegeben haben.
Diese neue Erkenntnis erschreckte Johannes sehr.
»Wohin fliegt es?« fragte der Spatz.
Und weil Johannes es nicht wußte, schrie er: »Schweig!«
Und alle seine Federn sträubten sich.
Von diesem Augenblick an konnte der Uhu nicht mehr glücklich sein. Und daß seine Mutter Uhuline ihm Anemonentee kochte, half überhaupt nichts.
Immer öfter geschah es nun, daß Flugzeuge über den Wald flogen. Und Johannes saß Tag und Nacht auf dem Wipfel der höchsten Tanne und starrte ihnen nach.
Dann aber beschloß er, etwas zu unternehmen. Er wollte das Geheimnis der silbernen Vögel ergrün-

den. Und er wollte wissen, wo die Welt zu Ende war.

In einer tiefen, stillen Nacht machte er sich auf. Als seine Mutter merkte, daß er verschwunden war, flog sie jammernd über den Wald und weinte alle Bäume naß. Und die restlichen Söhne, die beiden Jum-Jums, weinten auch.

Johannes aber jagte den Flugzeugen nach. Doch so sehr er sich anstrengte, immer waren sie schneller als er. Sie sausten über ihn hinweg und weiter.

Längst hatte er den heimatlichen Wald hinter sich gelassen. Da sah er den Fluß. Er sah die Felder, die Wiesen und die Berge. Und je größer die Welt wurde, um so kleiner fühlte er sich.

Johannes war bald mager und struppig geworden. Am Tage schlief er irgendwo. Unter einer Sonnenblume vielleicht oder auf dem Hut einer Vogelscheuche. Und nachts hob er sich in die Luft und folgte den Flugzeugen, die er für Vögel hielt und deren Motorengebrumm ihm ihr Lied zu sein schien.

Einmal traf er den Mond.

»Oh«, wunderte sich Johannes, »bist du auch unterwegs?«

Denn der Mond hatte früher über dem Wald gewohnt.

Als Johannes eine Weile unterwegs war, wurden seine Flügel müde. So ging er ein Stück zu Fuß. Über eine Brücke wanderte er mitten in eine Ortschaft hinein. Er staunte sehr, denn er hatte noch nie ein Dorf gesehen.

Für kurze Zeit glaubte er, daß hier das Ziel der sil-

bernen Vögel sein müsse. Aber die Flugzeuge flogen über ihn hinweg und weiter.
Da breitete Johannes seine Flügel und folgte ihnen. Immer noch war er neugierig, aber er begann zu ahnen, daß die Welt größer war als sein Uhuverstand.
Es war Abend, als er in die Stadt kam. Johannes setzte sich auf eine Fernsehantenne und schaute hinab.
Ein Wald von Häusern, dachte er. Und die Menschen schienen ihm übergroße Uhus zu sein.
»Schuhuuu!« rief er. Aber sie beachteten ihn nicht.
Mit der Dunkelheit wurde es still. Da schritt Johannes durch die Straßen. Er schaute in die Fenster der Häuser, er begegnete einem Kater mit Lampionaugen, und einmal stelzte er zwischen den Beinen eines Polizisten hindurch. Alles, was er sah und erlebte, setzte ihn in Erstaunen.
»Johannes«, sagte er zu seinem Spiegelbild in der Regenwasserpfütze, »ich glaube nicht, daß du weise bist.«
Um vier in der Nacht, als die Kirchturmuhr drei schlug, denn sie ging eine Stunde nach, traf Johannes einen Mann. Er saß auf dem Bürgersteig und war ganz allein. Und außerdem war er ein bißchen betrunken. Aber das merkte der Uhu nicht.
»Guten Abend«, sagte er. »Schuhu.«
»Guten Abend«, sagte der Mann. »Hick!«
»Wo ist die Welt zu Ende?« fragte Johannes.
»Warum sitze ich hier?« fragte der Mann.
»Wohin fliegen die silbernen Vögel?«
»Warum sitze ich hier?«

Daß sie so seltsam miteinander redeten, lag daran, daß sie zwei verschiedene Sprachen hatten.
Als die Morgendämmerung kam, radelte ein Junge mit Zeitungen durch die Stadt.
Und weil sich Johannes plötzlich müde fühlte, hockte er sich hinten auf den Gepäckträger und fuhr ein Stückchen mit.
»Ein Uhu!« schrien die Marktfrauen, die eben ihre Blumen- und Obststände aufbauten.
Und das Mädchen, das die Brötchen austrug, machte ein ganz andächtiges Gesicht, denn einen so großen Vogel hatte es noch nie gesehen. Es kannte nur ein paar Spatzen und einen Wellensittich namens Kaftikus.
Johannes hätte gerne gefrühstück. Doch da flog ein Flugzeug über ihn hinweg. So warf er sich mit leerem Magen in die Luft und folgte ihm. Aber das Flugzeug war schneller als er.
Als Johannes die Stadt hinter sich ließ, sah er, daß auch hier die Welt noch nicht zu Ende war. Er machte die Augen zu und horchte in sich hinein.
Die Welt scheint ohne Ende, grübelte Johannes. Wer weiß, ob ich das Ziel der silbernen Vögel je erfahre. Aber ich habe viel erlebt. Ich will erst einmal nach Hause fliegen, in den Wald.
So kehrte er um. Und damit er unterwegs nicht immer das Lied der Flugzeuge hören mußte, steckte er sich Kirschblütenblätter in die Ohren.
»Hurra!« schrie Uhuline, »Johannes ist wieder da!«
Da eilten die Tiere herbei. Auch die, die fest geschlafen hatten. Sie setzten sich in einem großen Kreis rund um Johannes. Auf Moospolster, Sträu-

cher und Bäume setzten sie sich, und manche setzten sich auf die Schultern der anderen.

»Erzähl!« schrie der Spatz. »Wohin fliegen die silbernen Vögel?«

»Ich weiß es nicht«, sagte Johannes. »Es gibt vieles, was ich nicht weiß.«

Die Tiere schauten ihn erstaunt an.

»Sprich«, sagten sie dann. »Wo ist die Welt zu Ende?«

»Ich weiß es nicht«, sagte Johannes. »Die Welt ist groß, und ich bin klein.«

Da spürten die Tiere, daß Johannes erst jetzt wirklich weise geworden war.

Der Uhu, der Johannes hieß, ist für immer in seinem Wald geblieben. Als es Frühling wurde, nahm er sich eine Uhufrau.

Und in einer Sommernacht schlüpften wieder drei Uhukinder aus dem Ei. Zwei von ihnen waren wie alle Uhus der Welt. Der dritte aber war ein besonderer Uhu. Er wuchs heran, und eines Tages sah er die Flugzeuge, die er für silberne Vögel hielt.

Da breitete er die Flügel und folgte ihnen.

Pi, Pa, Pu

Die Erde ist groß. Man kann eine Menge auf ihr unternehmen.
Weil es viele Gedanken gibt, fröhliche und traurige.
Weil es viele Menschen gibt, große, kleine, dicke und dünne.
Weil es Morgen, Mittag, Abend und Nacht gibt.
Weil es Träume gibt und Meerschweinchen.
Weil es Winter gibt und Katzen und Bäume und Sommer.
Weil es Bücher gibt und Farben und Bälle.
Weil es Freunde gibt, Bonbons und Ferien.
Weil es Frühling gibt und Hunde und Lieder.
Weil es Hoffnung gibt, Luftballons und Sahneeis.
Weil es Äpfel gibt und Herbstlaub.
Und dann gibt es natürlich noch viel, viel mehr. Man sollte meinen, daß das alle Leute wissen. Aber es gibt Leute, die haben es vergessen. Die essen dann vielleicht immer nur eine Wurstsorte. Oder sie sehen jeden Abend fern. Oder sie reden immer das gleiche Zeug oder so.
Da ist ein Ort, weit von hier, oder auch ganz nah, der hat keinen Namen.
»Hier«, sagen die Leute. »Bei uns.«
Eine schmale Straße führt in den Ort hinein. Es gibt eine Menge Häuser, und auf einem Hügel steht die Knopffabrik.
Und das alles ist grau.
Die Knopffabrik ist grau.
Die Straße ist grau.
Die Häuser sind grau.

Die Menschen sind grau.
Die Gedanken der Menschen sind grau.
Die Knöpfe, die in der Knopffabrik gemacht werden, sind grau.
Und alle Stunden sind grau.
Die Minuten auch.
Wenn sie noch mausgrau wären! Aber nein – sie sind miesgrau.
Die Leute in diesem Ort stehen morgens auf, gehen in die Fabrik und machen Knöpfe. Sonst machen sie nichts. Das heißt, sie essen und schlafen natürlich. Aber das tun sie nur gerade eben so.
Also, die Leute in diesem Ort ohne Namen machen Knöpfe.
Sie fragen nicht.
Sie denken nicht.
Sie wünschen nicht.
Sie lachen nicht.
Sie weinen nicht.
Sie machen nur Knöpfe. Viele, viele graue Knöpfe.
Und ihre Kinder sitzen da und warten darauf, daß sie wachsen, damit sie endlich groß genug sind, um auch graue Knöpfe machen zu können.
Nun fragt man sich natürlich, was mit all den vielen grauen Knöpfen geschieht. Wahrscheinlich gibt es anderswo einen Ort, wo lauter graue Leute graue Hosen, graue Röcke und graue Jacken machen. An die nähen sie dann die grauen Köpfe an.
Und wieder anderswo gibt es Leute, die ziehen die grauen Hosen und Jacken an.
So machen die Leute in dem Ort ohne Namen graue Knöpfe für graue Leute.

»Guten Knopftag«, sagt der Herr Pi morgens zu seiner Frau Pa.
Und ihr kleiner Sohn Pu ruft: »Ich wünsche euch viele Knöpfe!«
»Ich habe wunderschön geträumt«, sagt Frau Pa, während sie versehentlich statt Zucker einen Knopf in ihren Kaffee wirft.
»Von Knöpfen?« fragt Herr Pi.
»Ja, aber natürlich«, sagt Frau Pa. »Wovon sollte ich denn sonst träumen?«
Es ist ein wahres Wunder, daß die Leute statt ihrer Köpfe nicht Knöpfe auf den Hälsen tragen.
Es wird Frühling.
Die Tage wachsen.
Der Himmel ist himmelblau.
Ein Düsenjäger zieht einen weißen Strich.
Die Vögel streiten um die Nester.
Das Gras grünt.
Die Schmetterlinge schweben umher.
Der Wind ist warm.
Die Knospen platzen und werden Blätter.
Die Igel wachen auf.
Und die Blumen sind da. Ganz bunt sind sie.
Aber Pi, Pa, Pu und die anderen Leute merken nichts davon. Einmal hat Pu Zahnschmerzen.
»Leg einen Knopf drauf«, sagt Pi.
Und weil sich niemand über den Frühling freut, geht er schnell vorbei.
Es wird Sommer.
Die Bäume sind schwer von Laub.
Die Hasen haben Junge.
Es regnet, und die Erde duftet.

Die Sonne scheint.
Die Blumen sind noch bunter geworden.
Der Wind schläft.
Der Fuchs fängt Mäuse.
Zwischen den Sternen funkelt ein Satellit.
Aber die Leute senken die Köpfe über die Knöpfe und sehen sonst nichts. Pu wächst. Bald wird er auch Knöpfe machen. Seine Finger können es sich schon vorstellen.
»Ich habe einen Knopf verschluckt«, sagt er eines Tages zu Pa.
Er ist ganz blaß.
»Knöpfe sind das gesündeste von der Welt«, sagt Pa.
Und weil niemand den Sommer liebt, verglüht er.
Es wird Herbst.
Die Wiesen werden gelb.
Der Rabe krächzt.
Die Blätter fallen in den Wind.
Pilze wachsen im Wald.
Drachen verfangen sich in den Telefonleitungen.
Alle Farben verblassen.
Die Bäume stehen kahl und warten.
Es wird leise.
»Wir müssen mehr Knöpfe machen«, sagt Pi.
»Ja«, sagen die Leute.
Keiner fragt, warum. Sie nicken nur und sind noch fleißiger als sonst.
Und der Herbst geht weg, denn was soll er hier?
Es wird Winter.
Schnee fällt.
Eisblumen wachsen am Fenster.

Das Fernsehen sendet bunt gegen weiß.
Der Sturm macht den Buhmann und jagt um die Häuser.
Die Vögel haben Hunger.
Unterm Schnee liegen Frühling, Sommer und Herbst versteckt.
Die Tage klirren.
Die Nächte sind groß und sehr still.
»Es war ein gutes Knopfjahr«, sagt Pa.
»Ein besseres wird kommen«, sagt Pi.
Pu glaubt das auch.
Und wahrscheinlich hätte er recht behalten, wenn nicht im Frühling etwas passiert wäre:
Ein Fremder kam in den Ort. Wahrscheinlich hatte er sich verlaufen, aber jedenfalls war er da. Und offenbar gefiel es ihm.
Es war ein junger Bursche.
Er trug rote Hosen.
Trug ein rotes Hemd.
Eine rote Kappe.
Und rote Schuhe.
Er sagte: »Hallo!«
Er blickt sich um.
Nach links.
Nach rechts.
Er lachte.
Er fragte.
Er fragte Pu: »Wo bin ich hier?«
Pu schwieg.
Was ist das für einer? dachte er.
Zu den Leuten gehörte er nicht. Ein Knopf war er aber auch nicht.

»Warum starrst du mich an?« fragte der Fremde. »Ich bin ein Mensch.«
»Ein Mensch«, sagte Pu.
»Was macht ihr so?«
»Knöpfe«, sagte Pu. »Was denn sonst? Und du?« fragte er.
Zum erstenmal fragte er was.
»Ich lebe«, sagte der Fremde.

Und er griff mit beiden Händen in einen Knopfhaufen und warf die Knöpfe hoch in die Luft.
»Knopfregen!« rief er.
Da mußte Pu lachen. Es war das erste Mal, daß er lachte.
»Da ist einer gekommen«, sagte er zu den Leuten, »der lacht und wirft Knöpfe in die Luft. Und er sagt, daß er lebt.«
»Beim grauen Knopf!« sagten die Leute. »Das kann nicht richtig sein.«
Der Fremde aber holte seine Mundharmonika hervor und spielte.
Klänge wie Sommerwind.
Wie Katzenmiauen.
Wie Bienengesumm.
Wie Worte.
Wie Gedanken.
»Musik!« schrie Pu.
Und das war erstaunlich, denn er hatte ja nie zuvor Musik gehört.
Die Leute hoben die Köpfe. Sie lauschten. Und es war ihnen, als seien ihnen eben jetzt erst Ohren gewachsen.
Als das Lied zu Ende war, machten sie wieder Knöpfe. Graue Knöpfe. Aber etwas war anders geworden. Sie hatten Musik gehört.
»Ich heiße Kri«, sagte der Fremde zu Pu. »Komm mit!«
Er holte bunte Kreide aus der Tasche und malte die Häuser an. Pu half ihm. Bald waren auch die anderen Kinder da. Zuerst standen sie herum und schauten zu. Dann machten sie alles wie Kri. Nur, daß sie

auf die Straße kritzelten. Da konnten sie leichter ran.
Rote Kreise malten sie.
Blaue Vögel.
Grüne Elefanten.
Lila Autos.
Und orangefarbene Raketen.
Die Leute kommen und stehen stumm.
»Aber das ist ja . . .« sagt einer.
»Schön«, sagt Pu.
Da schweigen sie.
Sie schauen und schauen, und es wird ihnen, als seien ihre Augen ganz neu.
»Kommt mit!« ruft Kri. »Wir wollen ein Feuer machen. Es wird Abend.«
Er schichtet Holz auf und zündet es an.
»Riecht nur!« ruft Pu.
Und Pi sagt: »Es duftet!«
Sie setzen sich rings um das Feuer.
Kri reicht Pu die Hand.
Pu reicht Pa die Hand.
Pa reicht Pi die Hand.
Und immer so weiter.
Es ist gut, einander zu fühlen.
Später, als niemand hinschaut, wirft Pu blitzschnell ein paar graue Knöpfe ins Feuer.
»Pscht!« sind sie verbrannt.
In der Nacht regnet es. Die Leute hören die Tropfen fallen und lächeln im Traum.
Morgens steht Pu ganz früh auf.
Der Regen hat die bunten Bilder von der Straße gewischt. Da muß Pu weinen.

»Früher habe ich nie geweint«, sagt er zu Kri.
Und Kri sagt: »Ja.«
Alles wird anders. Die Leute lachen und singen, und sie sehen den Frühling.
Da bleibt der Frühling lange. So lange bleibt er, bis er endlich Sommer wird.
Die Leute ziehen sich rote Kleider an und tanzen und sehen den Sommer.
Da will der Sommer nicht vergehen. So lange bleibt er, bis er endlich Herbst wird.
Die Leute malen ihre Wohnungen bunt. Sie essen Vanillepudding und Heringe. Das sind Kris Lieblingsspeisen.
Und sie sehen den Herbst.
Da mag der Herbst nicht aufhören. So lange bleibt er, bis er endlich Winter wird.
Kri zeigt den Leuten, wie man Schneemänner baut. Und manchmal sitzen die Leute in ihren Zimmern und schauen hinaus und sehen den Winter.
Da ist der Winter gern bei ihnen. So lange bleibt er, bis er endlich Frühling wird.
»Nun muß ich fort«, sagt Kri da eines Tages.
»Nein!« sagt Pu.
Und die anderen sagen:
»Nein!«
»Nein!«
»Nein!«
»Nein!«
»Du mußt uns doch zeigen, wie man lebt«, sagt Pu.
»Ihr könnt lachen und weinen«, sagt Kri. »Fragen, singen, zuhören und euch an den Händen halten. Jetzt müßt ihr nur noch lernen zu denken. Jeder

soll so leben, wie es für ihn richtig ist. Und das muß er selbst herausfinden.«
Und Kri geht.
Einfach so.
Mitten am Tag.
Die Leute sitzen da.
Sie tragen rote Kleider.
Sie singen Kris Lieder.
Sie essen Vanillepudding.
Sie malen grüne Elefanten.
Sie sind wie Kri.
Aber ganz langsam wandeln sie sich. Jeder fängt an, er selbst zu werden.
Einer ißt Spiegeleier.
Einer trägt blaue Hosen.
Einer spielt Trompete.
Einer legt sich in die Sonne.
Einer erfindet ein Lied.
Einer streichelt seine Katze.
Einer malt karierte Eisenbahnzüge.
Einer sagt Gedichte auf.
Einer trägt gelbe Hemden.
Einer singt in der Badewanne.
Einer schläft mit dem Kopf am Fußende.
Einer trinkt Bier.
Einer trägt lila Schuhe.
Einer geht im Wald spazieren.
Einer trägt geblümte Kleider.
Und Pu macht Seifenblasen.
Den Ort haben die Leute übrigens Kridorf genannt.
Aus Dankbarkeit.
So leben sie jetzt, wie Menschen eben leben.

Manchmal sind sie fröhlich, und manchmal sind sie traurig. Sie machen auch Knöpfe. Aber nur ein paar Stunden am Tag. Während der anderen Zeit tun sie viele, viele andere Dinge.
Die Knöpfe, die sie machen, sind aber bunt.
Rot.
Gelb.
Grün.
Blau.
Lila.
Orange.
Und gemustert.